세상을
떠들썩하게 만든
세기의 재판
이야기

세상을 떠들썩하게 만든
세기의 재판 이야기

초판 1쇄 발행 2023년 9월 30일
초판 3쇄 발행 2024년 11월 1일

지은이 장보람
펴낸이 이지은 **펴낸곳** 팜파스
기획편집 박선희
디자인 조성미
마케팅 김서희, 김민경
인쇄 케이피알커뮤니케이션

출판등록 2002년 12월 30일 제 10-2536호
주소 서울특별시 마포구 어울마당로5길 18 팜파스빌딩 2층
대표전화 02-335-3681 **팩스** 02-335-3743
홈페이지 www.pampasbook.com | blog.naver.com/pampasbook
이메일 pampasbook@naver.com

값 15,000원
ISBN 979-11-7026-600-6 (43360)

세상을 떠들썩하게 만든 세기의 재판 이야기

장보람 지음

팜파스

여러분은 손으로 메모를 적거나 키보드를 사용하는 것보다 휴대폰이나 태블릿PC를 터치하여 작업하는 것이 더 익숙하지요? 이런 작업은 제가 청소년이었을 때만 하더라도 생각할 수 없었던, 영화에서나 보던 과학 기술이었습니다. 과학 기술의 발전이 이전과는 전혀 다른 세상을 경험하게 하듯 역사적으로 기념비가 될 만한 재판들은 우리에게 새로운 가치를 받아들일 수 있게 하고, 불합리한 문제를 해결할 수 있도록 했습니다.

우리가 지금 누리는 여러 가치들, 즉 민주주의, 시민의식, 존엄성, 자유와 평등, 정의 등은 과학 기술의 발명가들처럼 자신의 뜻을 굽히지 않은 역사 속 인물들이 있었기에 가능했어요. 역사 속 인물들은 새로운 가치들을 탐구하고, 이것을 대중들에게 알리기 위하여 법정에서 자신들의 의견을 펼쳤습니다.

아무런 연구도 없이 처음부터 존재하는 과학 기술이 없는 것처럼 민주주의, 시민의식, 존엄성, 자유와 평등, 정의와 같은 사회 가치에

대해 보호하는 법률 또한 처음에는 존재하지 않았습니다. 역사 속 인물들이 기존의 사회에 맞서 자신의 의견을 펼치고 때로는 불리한 판결을 받으며 하나씩 법으로 만들어졌고, 공통의 생각으로 자리 잡으면서 비로소 한 국가, 각 개인이 지금과 같은 가치와 세상을 누릴 수 있게 된 것이지요.

이 책에서는 기원전부터 현대 사회에 이르기까지 세상을 떠들썩하게 만든 역사 속 인물들, 그리고 그들의 재판이 어떠한 사회의 변화를 일으켰는지 살펴봅니다. 이 변화 속에서 법률이 어떠한 역할을 담당했는지도 알아보고자 합니다.

자, 그럼 역사 속 법정으로 사건의 주인공들을 만나러 가볼까요?

차례

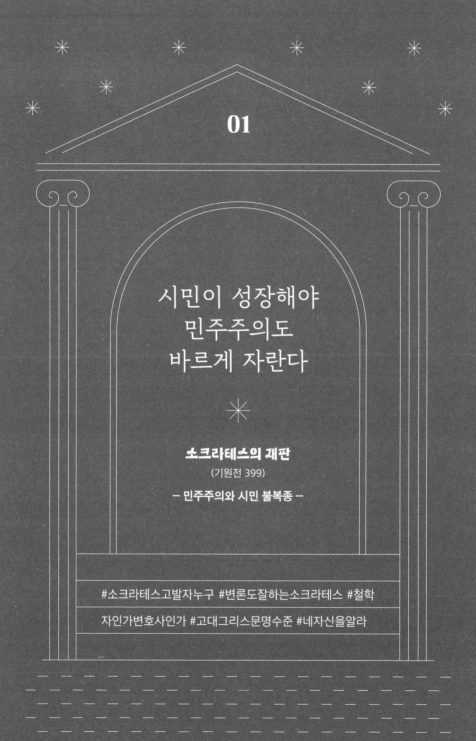

01

시민이 성장해야
민주주의도
바르게 자란다

✳

소크라테스의 재판
(기원전 399)

― 민주주의와 시민 불복종 ―

#소크라테스고발자누구 #변론도잘하는소크라테스 #철학

자인가변호사인가 #고대그리스문명수준 #네자신을알라

중학교에 입학하고서 얼마 지나지 않아 학교에서 좀 먼 곳으로 이사를 갔습니다. 이사를 가고 나서 지리에 익숙하지 않아 의도치 않게 몇 번 지각을 했지요. 그날도 헤매느라 지각을 했는데, 저 말고도 지각하는 학생들이 많아서였는지 학급 회의에서 '지각하는 학생, 1회당 벌금 1만 원'이라는 건의가 나왔습니다.

저는 당연히 반대표가 많을 것이라고 생각했는데, 정말 예상 밖에도 다수결로 이 안건이 통과되었어요. 이럴 수가! 저는 밤에 공부가 잘되는 올빼미형 인간이라 아침에 일찍 일어나기가 힘들고, 무엇보다 학교에서 먼 곳으로 이사까지 했는데, 1회당 벌금 1만 원이라니요! 물론 지각은 하지 않아야 하고, 지각을 방지하기 위해 벌금을 걷는 것은 좋은 방법이라 생각합니다. 하지만 학생이 벌금을 1만 원씩이나 내는 건 과하다는 생각이 들어요.

학급 회의에서 나온 투표 결과는 찬성 28표, 반대 11표였어요. 다수결의 원칙에 따라 이 안건이 채택된 것이지요. 반대표를 낸 저는 항의했어요. 그랬더니 제 의견은 소수 의견이라서 어쩔 수 없이 이 결정을 따라야 한다고 하더라고요. 순간, 의문이 들었습니다. 민주 사회의 의사 결정 방식이라고 하는 '다수결의 원칙'이 항상 맞는 것인지 말이에요. 만약 다수결로 판단한 안건이나 법률이 잘못되었다면, 이에 대해 반대할 수 없는 걸까요?

우리는 생활에서 '다수결'이라는 말을 많이 들어요. 학급 회의뿐만 아니라, 친구와 약속을 정할 때도 다수결에 따르는 경우가 많지요. '다수결의 원칙'이란, 어떤 집단의 생각을 다수(多數)의 의견으로 결정하는 원칙입니다. 민주주의에서 의사를 결정하는 방식으로, 가장 합리적인 방법이라고 알려져 있지요. 하지만 다수결의 원칙으로 의사를 결정하는 것이 올바른지 가끔 의문이 들 때가 있습니다. 다수, 즉 많은 사람들의 생각이 언제나 맞고, 또 올바르다고 보장할 수 없기 때문이지요.

하나의 예를 들어 보겠습니다. 많은 비가 내릴 때마다 마을 전체가 물에 잠기는 A마을이 있습니다. A마을 사람들은 물에 잠기는 문제를 해결하기 위해 댐을 건설하기로 했습니다. 하지만 댐을 건설하면 마을의 경관을 해친다고 반대하는 주민들도 있었지요.

주민들은 모여서 댐을 건설할 것인지를 두고 투표했습니다. 투표 결과, 다수의 사람들은 댐을 건설하는 것에 반대했습니다. 다수의 뜻에 따라 A마을은 댐을 건설하지 않았고, 비가 내릴 때마다 마을 전체가 물에 잠겼습니다. 자랑스러워하던 마을의 경관도 물에 잠겨 훼손되었고요.

위 상황에서 과연 다수의 생각이 맞았다고 할 수 있을까요? 만약 다수의 생각이 올바르지 않다면 소수의 사람들은 어떻게 자신의 생각을 다른 사람들에게 알릴 수 있을까요? 아주 오래전에 이 문제로

논란이 된 철학자가 있었습니다. 고대 그리스의 유명한 철학자 소크라테스(Socrates)입니다.

사건 파일 일명, '다수한테 미운털이 박힌 죄'
소크라테스의 재판

/

기원전 399년, 고대 그리스의 아테네 아고라. 소크라테스는 재판을 받기 위해 아고라에서 열린 배심원 법정에 출석했습니다. 아고라

소크라테스의 초상
©Sting 출처 - 위키미디어 커먼스

는 고대 그리스의 민회, 재판 등이 열리던 광장이에요. 당시 70세인 소크라테스는 철학자로 매우 이름이 알려졌기에 그의 재판은 그리스인들에게 꽤 화젯거리가 되었지요.

재판은 멜레토스, 아니토스, 리콘의 고발로 시작되었습니다. 그들은 소크라테스를 '신성 모독죄', '청년들을 타락시킨 죄'로 고발했어요. 그리고 재판부에 소크라테스를 사형에 처할 것을 요구했습니다.

고발에 관한 기록들을 좀 더 살펴볼까요? 고발자들은 소크라테스가 자신을 따라다니는 청년들에게 "고대 그리스 국가가 인정하는 신을 거부하고 새로운 신을 섬기라."고 설교하면서 청년들을 타락시켰다고 주장했습니다. 국가가 인정한 신을 거부했다고 사형에 처하라니 오늘날의 생각으로는 너무 심한 억지인 것 같지요? 이 주장을 이해하려면 당시 시대상을 살펴봐야 해요.

제우스, 아폴로 등으로 널리 알려진 고대 그리스 신들은 그리스인들의 삶을 지배하는 종교이자 세계관이었습니다. 그리스 국가를 지탱하는 일종의 믿음으로서, 신들은 그리스인들의 삶에서 떼어 놓을 수 없는 존재였습니다. 그런데 그런 신들을 거부하고 새로운 신을 섬기라고 설교하다니! 당시 그리스 사회에서는 있을 수 없는 생각이고 또 주장이었어요. 그래서였을까요? 소크라테스는 자신의 생각을 밝히고자 재판에서 다른 변호인의 도움 없이 직접 변호를 했습니다.

소크라테스의 제자이자 철학자인 플라톤은 소크라테스의 재판 과정을 『소크라테스의 변론』, 『크리톤』, 『파이돈』, 『향연』이라는 4권의 책으로 기록했습니다. 이 책들을 보면 소크라테스의 재판이 어떻게 진행되었는지, 소크라테스가 어떠한 변론을 했는지 알 수 있지요. 『소크라테스의 변론』을 보면 소크라테스는 법정에서 유죄 판결을 받기 전까지 1차 변론, 유죄 판결을 받은 후 2차 변론, 사형이 선고된 후 3차 변론, 총 세 번의 변론을 했습니다.

소크라테스는 1차 변론으로, '나는 무죄다'라는 주장을 했습니다. 변론은 소크라테스의 친구인 카이레폰이 델포이 신전의 무녀를 찾아가 들은 신탁을 소개하는 것으로 시작되었습니다. 무녀는 카이레폰에게 "세상에서 소크라테스보다 더 지혜로운 사람은 없다"고 이야기했다고 합니다. 소크라테스는 카이레폰으로부터 신탁을 들은 후, 정말 자신보다 더 지혜로운 사람이 없는지 확인하기 위해 자신보다 더 지혜로운 자를 찾아 나섰습니다. 소크라테스는 유명한 정치가, 시인, 변론가 등을 만나 이들과 대화를 나누었습니다.

소크라테스는 유명인들 중에 당연히 자신보다 더 지혜로운 사람이 있을 것이라고 생각했습니다. 그런데 그들에게서 지혜로움을 발견하기는커녕, 오히려 그들의 무지함에 수치심을 느꼈습니다. 소크라테스는 재판에서 신탁을 통해 신들이 말하고자 한 것을 다음과 같이 표현했습니다.

"신이야말로 진짜 지혜로운 자이다. 자기의 지혜가 아무런 가치가 없다는 것을 아는 사람이 가장 지혜로운 사람이다."

이 말은 소크라테스의 유명한 명제 '무지(無知)를 아는 것이 바로 앎의 시작이다'를 나타냅니다. 자신이 무엇을 모르는지 알고, 모르는 것을 용기 있게 질문할 수 있는 사람이 바로 지혜로운 사람이라는 의미이지요. 무녀가 카이레폰에게 말한 "세상에서 소크라테스보다 더 지혜로운 사람은 없다"는 말은 결국, 소크라테스와 같이 자신의 무지를 아는 자들이라면 누구나 지혜로운 사람이라는 의미였습니다. 오직 소크라테스만 지혜롭다는 말이 아니었지요.

또한 무녀의 신탁은 고발자들의 '소크라테스가 새로운 신을 섬기도록 했다'는 주장과도 상당히 거리가 있습니다. 소크라테스가 신을 거부하는 입장이었다면 '신이야말로 진짜 지혜로운 자'라는 말을 하지는 않았을 것입니다. 소크라테스는 오히려 신을 추앙하는 것에 가까워 보이는데, 왜 고발자들은 소크라테스가 신을 믿고 있지 않다고 호도하여 그를 고발한 것일까요?

이 질문에 대한 답을 찾기 위해 이번에는 사건의 고발자들을 살펴보겠습니다. 그들은 소크라테스와 대화를 나누던 중 무지함이 들통난 정치가, 시인, 변론가들이었습니다. 소크라테스를 믿고 따르던 청년들은 정치가, 시인, 변론가들이 실은 지혜롭지 않다는 사실을 알게 되었고, 더는 그들을 존경하지 않게 되었어요. 정치가, 시인, 변론가들은 이러한 변화에 위기감을 느꼈어요. 그 결과, 소크라테스를 고발하게 된 것이지요.

게다가 재판관, 배심원들도 소크라테스의 1차 변론을 마음에 들어 하지 않았어요. 왜일까요? 바로 소크라테스의 태도 때문이었어요. 소크라테스가 자신들에게 "억울합니다. 제발 도와주세요."라고 호소해도 받아 줄까 말까 하는 상황인데, 감히 인간의 지혜가 아무런 가치가 없다는 주장을 하다니요. 당대 지식인에 속한 재판관, 배심원들 가운데 소크라테스의 편에 서려는 이들은 당연히 없었습니다. 변론이 끝난 후 배심원들의 투표가 시작되었어요. 결과는 280 대 220, 다수결의 의견으로 소크라테스에게 유죄 판결이 선고되었습니다.

유죄가 선고되자 고발자 멜레토스는 소크라테스에 대한 형벌로 사형을 요구했습니다. 소크라테스는 재판관과 배심원들에게 구류, 벌금, 추방, 침묵 강요 중 하나를 선택해 달라고 요구할 수 있었어요. 소크라테스는 벌금으로 '30므나'라는 아주 적은 돈을 내겠다고 제안했어요. 이것은 곧 무죄라고 주장하는 것과 같았습니다. 이미 소크라테스에게 등을 돌린 재판관과 배심원들이 이 제안을 받아들일 가능성은 매우 낮았습니다. 결국 소크라테스는 360 대 140으로 다수결의 의견인 사형 선고를 받게 되었지요.

재판이 끝나고 소크라테스는 사형수가 되어 감옥에 갇혔습니다. 사형 집행은 건국자 테세우스를 기리기 위해 델로스 섬의 아폴론 신에게 보낸 제사(祭使)가 돌아올 때까지 연기되었습니다. 『크리톤』에 따르면, 제사가 돌아올 무렵이 되자 소크라테스의 친구인 크리톤은 소크라테스에게 감옥에서 탈출하라고 권유했다고 해요. 하지만 소

\<소크라테스의 죽음\> 자크 루이 다비드 작, 1787

★ **잠깐 해설** 가운데 독배를 들려고 하는 인물은 소크라테스, 침대 왼쪽 가장자리에 허탈하게 앉아 있는 인물은 플라톤이고, 소크라테스의 무릎을 움켜쥐고 호소하듯 바라보는 사람이 바로 마지막까지 탈옥을 권유했던 크리톤입니다.

크라테스는 크리톤의 제안을 거절했어요. 오히려 "그저 사는 것보다 훌륭하게 잘 사는 것이 중요하고, 어떤 경우라도 고의로 올바르지 못한 행위를 하는 것은 정의롭지 못하다"고 하면서 크리톤을 설득했다고 합니다.

재판이 있은 후 약 1개월 뒤 소크라테스는 감옥에서 가족을 모두 내보내고 친구들과 제자들이 보는 앞에서 독약을 마시고 죽음을 맞이했습니다. 『파이돈』에는 소크라테스가 통곡하는 제자들과 달리 죽음을 두려워하지 않는 태도로 목욕을 마친 후 독약을 마셨다고 기록되어 있습니다.

고대 그리스의 재판은 요즘 재판과 어떻게 다를까?

/

소크라테스의 재판 과정을 통해 고대 그리스에서는 어떠한 형식으로 재판을 진행했는지를 알 수 있어요. 고대 그리스는 잘 알려진 바와 같이 민주주의, 철학, 법학, 수학, 건축, 문학, 미술 등 모든 분야가 고르게 발달한 문명사회였습니다. 특히 재판 절차는 현재의 재판 절차와 비교해도 손색이 없을 정도로 발전된 형태였지요.

고대 그리스의 재판 절차와 비교하기 위해 현재의 일반적인 재판 절차를 먼저 알아보겠습니다. 재판 절차는 크게 민사 재판과 형사 재판으로 나눌 수 있어요.

민사 재판은 개인 사이에 일어난 분쟁을 가지고 한 개인과 다른 개인이 서로 원고와 피고가 되어 다투는 절차입니다. 형사 재판은 검사가 범죄를 저지른 자를 상대로 공소를 제기해 검사와 피고인 사이에 범죄 사실에 관하

> **우리나라 형사 재판의 절차**
> ....
> 판사의 피고인 신분 확인
> ▼
> 검사의 공소장 낭독(유죄 주장)
> ▼
> 피고인 또는 피고인 변호사의 변론(무죄 주장)
> ▼
> 검사, 피고인의 최후 진술
> ▼
> 판결

여 다투는 절차이지요. 판사는 민사, 형사 재판에서 누구의 말이 더 실체적 진실에 부합하는지를 판단해요.

고대 그리스의 재판은 개인의 '고발'로 시작되었습니다. 한 개인이 특정인을 고발하면, 아르콘(행정관)이 주재하는 예비 절차를 거쳐 재판이 필요한지 판단합니다. 재판이 필요하다고 판단될 경우, 공개 재판이 열렸습니다. 그리스의 공개 재판은 현재 우리나라의 형사 재판

절차와 매우 유사했어요. 고발인이 배심원과 방청객 앞에서 고발장을 읽는 것으로 시작했는데, 이는 현재의 형사 재판 절차에서 검사가 공소 사실을 낭독하면서 재판을 시작하는 것과 매우 닮았습니다.

여기서 잠깐, 공소(公訴)는 검사가 법원에 피의자에 대한 처벌, 즉 심판을 구하는 행위를 말해요. 우리나라에서 공소는 검사만 제기할 수 있는데, 당시 그리스에는 검사와 같이 공소를 맡는 직책이 따로 있지 않아 고발인이 직접 그 역할을 담당했습니다. 그래서 고발인이 직접 '어떤 죄를 범했고, 어떤 형벌을 받기를 원하는지'를 낭독한 것이지요.

참고로 형사 재판에서 공소를 제기하면 범죄자의 신분이 바뀝니다. 범죄를 저질러 수사 기관에서 수사를 받는 동안에는 '피의자' 신분이 돼요. 검사가 공소를 제기하면 비로소 '피고인' 신분이 되지요. 피고인은 형사 재판을 받는 주인공이 되고, 자신의 무죄를 입증하기 위해 변호인을 선임합니다.

다시 그리스의 재판 절차로 돌아가 보겠습니다. 고발장을 읽은 다음 순서는 본격적으로 고발인과 피고발인(고발을 당한 사람)이 각자 자신의 주장을 펼치는 시간이었습니다. 법정에 있는 배심원과 방청객에게 직접 사건을 설명하고, 변론하도록 한 것이지요. 현재의 형사 재판과 비교해 보면, 고발인 측은 검사, 피고발인 측은 피고인으로 볼 수 있어요. 고발인과 피고발인은 자신이 말한 주장을 뒷받침하기 위해 각자 증인을 불러 진실을 가릴 수도 있었습니다.

『소크라테스의 변론』을 보면 변론 시간이 상당히 길었던 것으로 보여요. 소크라테스는 재판관, 배심원들을 상대로 철학 강의를 했다고 해도 손색없을 만큼, 매우 긴 변론을 했지요. 현재 우리나라의 재판 절차에서는 상상할 수도 없을 정도의 긴 시간이었습니다.

실제 재판에서는 사건에 따라 다르기는 하지만, 법정에서 오랜 시간 변론하는 경우는 드뭅니다. 사건을 담당하는 재판부는 하루에 처리해야 하는 사건 수가 많고, 한 사건당 정해진 변론 시간이 다소 짧기 때문에 소크라테스처럼 강의에 가까운 변론을 하는 것은 불가능하지요. 대신 변호사는 서면으로 미리 당사자의 주장을 정리해서 제출해요. 변론 기일에는 이미 제출된 서면을 바탕으로 주요 주장을 펼치는 형식으로 간결하게 진행됩니다.

마지막 절차는 배심원들이 유죄 여부를 가리는 것이었습니다. 배심원은 사건의 중요도에 따라 수백 명에서 수천 명까지 다양하게 불러 모았어요. 목수, 농부, 상인 등 다양한 계층의 일반 시민들이 배심원이 되었습니다. 배심원들은 고발인들과 피고발인들의 발언을 들은 후 단 하루 만에 결론을 냈어요. 그렇다 보니 당사자들의 평소 성격과 평판을 판단의 중요한 근거로 삼았다고 합니다.

그리스의 재판에서는 유죄가 결정되면 이 사건을 다시 다툴 상급 법원이 없었기에, 단 한 번의 재판으로 모든 결정을 내렸습니다. 헌법으로 같은 사건에 대해 세 번의 재판을 받을 수 있는 우리나라의 재판 절차와는 확연히 다르지요. 때로는 판결이 잘못된 경우도 있었을 텐데 이것을 다툴 기회조차 없다는 점은 피고발자에게 매우 불리한 부분이었을 것입니다.

배심원들이 유죄를 선언하면, 재판관은 고발자와 피고발자에게 자신이 생각하는 적절한 형벌을 각자 말하도록 했습니다. 배심원들은 고발자와 피고발자가 말한 형벌을 듣고, 그중 하나를 선택하는 것으로 재판은 끝이 났어요.

한 가지 재미있는 것은 배심원들 중 5분의 1 이하가 유죄라고 판단한 경우에는 고발자가 벌금형을 받도록 한 것입니다. 누구나 고발을 할 수 있었기에 시도 때도 없이 마구잡이로 고발하는 것을 방지하고자 벌금 제도를 둔 것이지요. 이것은 우리나라 형법의 무고죄와 비슷해요. 무고죄는 신고 사실이 '허위'인 경우에만 인정되는데, 고대 그리스에서는 허위 여부와는 상관없이 배심원들에게 너무 적은 수로 유죄 판단을 받으면 고발자에게 벌금형을 내렸습니다.

옳지 않은 다수결에 꼭 따라야만 할까?

/

소크라테스가 재판에서 '사형'이라는 최고형을 받게 된 이유는 무엇이었을까요? 이것은 소크라테스가 당시 정치가, 시인, 변론가들, 즉 '다수'의 기존 지식인들이 믿고 따랐던 정치 사회적 의사에 반대하는 주장을 했기 때문입니다. 이러한 이유로 소크라테스의 재판은 '시민 불복종'에 관한 철학적 토대를 마련한 사건으로 볼 수도 있어요.

시민 불복종의 개념은 철학자 소로(Henry David Thoreau)가 처음 소개했습니다. 소로는 소크라테스와 같이 '위험을 무릅쓰고라도 올바르지 못한 명령을 거부하는 것'을 시민 불복종(Civil Disobedience)이라고 보았습니다.

헨리 데이비드 소로

그렇다면 시민 불복종이란 무엇을 말하는 것일까요? 시민 불복종은 국가의 법률이나 정부의 정책이 부당하다고 판단했을 때 이것을 공개적으로 거부하는 양심적인 행위를 말합니다. 시민 불복종은 다음 세 가지 요건을 충족시켜야 해요. 첫째, 반드시 '비폭력적'이어야 하고, 둘째, 개인의 이익이 아닌 '전체의 이익을 목적'으로 해야 하며, 셋째, 모든 가능한 수단을 동원하고서도 해결되지 않을 때 '최후의 수단'으로 사용되어야 합니다.

세 가지 중 '최후의 수단' 요건이 가장 중요한데, 그 이유는 헌법 제26조에서 '청원권'을 보장하고 있기 때문입니다. 청원권은 국민들이 정의롭지 못한 법률이나 정책에 대해 국회에 바로잡아 달라고 요구할 수 있는 권리입니다. 흔히 말하는 민원을 제기할 수 있는 것이지요. 시민 불복종은 청원을 했음에도 불구하고 시정되지 않았을 경우에만 행할 수 있습니다. 다시 말해 법률적 권리로 잘못된 것을 고쳐 달라고 요구했음에도 받아들여지지 않는 공익적인 사안에 대해서만 시민 불복종을 행사할 수 있다는 말이지요.

시민 불복종은 합법적이지 않은 행위이기 때문에 시민 불복종을 행한 사람은 그에 따른 처벌을 감수해야만 합니다. 그런데 여기서 한 가지 의문이 듭니다. 부당한 법률이나 정책에 대해 양심적인 행위를 하는 것인데, 왜 합법적이지 않다는 것일까요? 사실 시민 불복종에는 '원래 있던' 법률이나 정책에 대해 변화를 이끌어 내려는 의도가 있습니다. 즉 기존 법률이나 정책을 '준수하지 않겠다'는 의미가 강하게 담겨 있지요. 이러한 이유로 시민 불복종의 행위 자체는 처음부터 불법적인 행위로 규정됩니다.

시민들이 어떤 법률이나 정책에 불복종한다는 것은 곧 그 법률이나 정책이 심각한 부정의(不正義)에 빠져 있음을 뜻하는 것이기도 해요. 즉, 시민들이 정의롭지 못한 법률이나 정책을 더 이상 두고 볼 수 없기 때문에 법을 어기는 한이 있더라도 목소리를 내는 것입니다.

역사적으로 널리 알려진 시민 불복종 운동으로 무엇이 있을까요? 인도의 간디가 비폭력 시위로 한 독립운동, 남아프리카 공화국의 인종 차별 반대 운동, 미국의 공민권 운동 등이 대표적인 예입니다.

한편, 시민 불복종과 자주 혼동되는 개념으로 저항권(Right of Resistance)이 있습니다. 특정 법률이나 정책을 지키는 걸 거부하는 시민 불복종과 달리, 저항권은 '정권 자체'를 거부하는 것입니다. 부당한 정권 때문에 국민의 기본권, 즉 자유, 평등, 행복 추구권 등이 침해된 경우 그 정권에 대해 저항할 수 있는 권리이지요. 저항권은 영국의 정치철학자 존 로크(John Locke)가 내세운 권리입니다. 로크의 저서 『통치론』에서 '정부가 처음 만들어질 당시의

시민 불복종: 특정 정책이나 법률 준수 거부
저항권: 정권 자체에 대한 거부

간디의 비폭력 시위

목적을 제대로 수행하지 못하면, 시민은 그 정부에 대해 저항할 수 있다'고 하며 저항권을 인정했습니다.

그렇다면 저항권도 시민 불복종처럼 불법적인 행위일까요? 저항권을 법적 권리로 볼 수 있을지는 찬성과 반대로 의견이 나뉩니다. 실제로 헌법 재판소의 판결과 대법원의 판결도 의견이 나뉘었지요.

헌법 재판소는 어떠한 법률 등이 헌법에 기초한 인간의 기본권을 침해하는지 판단하는 국가 기관입니다(헌법 재판소에 관해서는 '워터 게이트 재판'에서 자세히 살펴보겠습니다). 대법원은 잘 알려진 대로 사법부의 최고 기관, 3심의 마지막 재판을 하는 국가 기관이고요. '대법원이 있는데, 왜 또 헌법 재판소를 두었을까?' 하는 의문이 듭니다. 이것은 판단하는 기관을 둘로 둠으로써 서로 견제하고 통제하기 위해서입니다. 그렇다 보니 헌법 재판소와 대법원의 판결이 서로 다른 경우가 발생합니다.

헌법 재판소는 판결에서 저항권을 '행사'하는 조건에 관해 엄격하게 판단한 적이 있습니다. 그 조건에 관해 판단했다는 것은 우회적으로 저항권이 있다고 인정한 것으로 볼 여지가 있어요. 몇몇 헌법 학자들은 헌법 전문에 있는 '우리 대한민국은 3.1운동으로 건립된 대한민국 임시정부의 법통과 불의에 항거한 4.19 민주 이념을 계승하고'라는 문구를 통해 저항권의 근거를 두었다고 해석합니다. 헌법 전문에 정확히 저항권이라고 명시되어 있지는 않지만, 당시 개헌안을 작성한 헌법학자들이 '불의에 항거한'이라는 문구를 넣어 저항권의 근거를 마련하고자 했다고 해석하는 것이지요. 이 해석에 따른다면, 저항권은 '헌법에 보장된 국민의 권리'를 주장하는 행위로 판단할 수 있을 것입니다.

한편 대법원은 판결에서 자연권(인간이 태어날 때부터 자연적으로 가지는 권리)으로서의 저항권은 인정하지만, 법률적 권리 자체로 인정하기는 어렵다는 견해를 보였습니다. 대법원에서 저항권에 대해 판결한 사건들을 보면, 저항권을 법적 권리로 인정하지 않는 측면이 보입니다.

5.18 민주화 운동이나 6월 민주 항쟁, 최근 사건으로는 2016년 촛불집회를 두고 저항권 행사로 판단해야 할지, 아니면 시민 불복종으로 판단해야 할지 학자들마다 또한 개인마다 의견이 다릅니다. 이것은 자신의 신념이나 정치적인 견해와도 맞닿아 있는 부분이 있어

서 어떤 의견이 옳다고 단정할 수 없는 문제입니다. 여러분의 의견은 어떠한가요? 이 사건들을 어떠한 시각으로 바라보는 것이 좋을지 생각해 보세요. 더 나아가 다수결이 항상 공정하고 합리적인 선택인지, 소수 의견을 보호할 수 있는 방안은 없을지에 관해 생각해 보았으면 합니다.

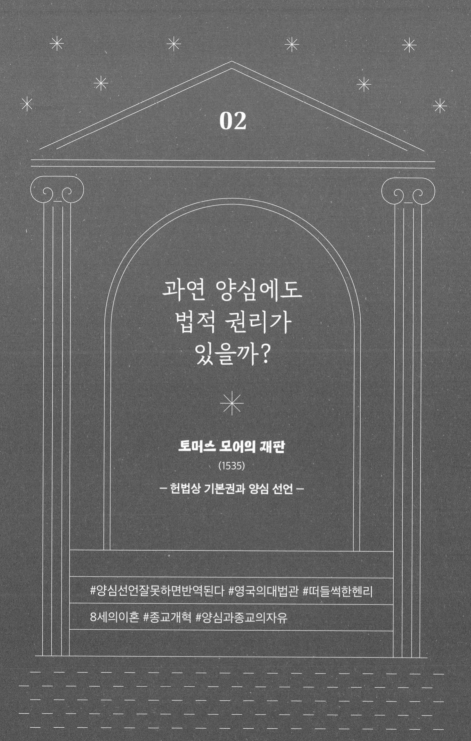

02

과연 양심에도
법적 권리가
있을까?

✳

토머스 모어의 재판

(1535)

− 헌법상 기본권과 양심 선언 −

#양심선언잘못하면반역된다 #영국의대법관 #떠들썩한헨리

8세의이혼 #종교개혁 #양심과종교의자유

우리 반에 말과 행동이 조금 어눌한 A군이 있습니다. 아이들은 궂은일이 있을 때마다 A군에게 미루곤 했습니다. 대놓고 못된 말로 괴롭히지는 않았지만 부탁을 잘 거절할 수 없는 A군의 입장을 교묘하게 이용한 것이지요. 양심적으로 고백하자면, 저는 A군에게 일을 미룬 적은 단 한 번도 없었지만 반장임에도 불구하고 나서서 그러지 말라고 친구들을 만류하지는 않았습니다. 그건 반장의 역할이라고 생각하지 않았고, 괜히 나서서 이야기했다가 반 아이들을 모두 적으로 만들게 될까 두렵기도 했거든요.

　어느 날, 담임 선생님께서 우리 반이 청결하고 깨끗이 정돈되어 있어 최우수 미화상을 받을 예정이라고 말씀하셨습니다. 아이들은 자신들이 해낸 일인 것처럼 의기양양했고, 상품을 받게 되어 기쁜 얼굴이었습니다. 선생님은 반장의 노고가 컸다며 다른 아이들 앞에서 저를 칭찬해 주셨어요. 선생님은 아이들에게 선물로 아이스크림을 사주셨고, 다른 반 아이들 모두 저희 반을 부러워했습니다.

　하지만 저는 깨끗한 쓰레기통, 정돈된 집기 등이 누구의 노력인지 잘 알고 있습니다. 그날부터 A군을 볼 때마다 이상하게 가슴이 뛰었고, A군 앞에서 얼굴을 들기가 어려웠습니다. 반장인데 모른 척해도 되는지 갈등되었습니다. 지금까지 하던 대로 그냥 덮고 가면 그만인데, 이상하게도 죄를 짓는 기분이 들었어요. 이제 와서 제 양심에 따라 담임 선생님께 사실을 밝힌다면 저는 아이들의 따가운 시선을 견

딜 수 있을까요? 혹시 왕따가 되는 것은 아닐까요?

＊　＊　＊

"양심에 찔려서 안 돼." "양심을 지키자."

어렸을 때부터 우리는 양심을 아주 중요한 삶의 가치로 여기며 자라왔어요. 양심이란 무엇일까요? 양심(良心)이란 사물의 가치를 변별하고, 자신의 행위에 대해 옳고 그름, 선과 악의 판단을 내리는 도덕적 마음을 말합니다.

양심을 지킨다는 것은 쉬운 듯 보이지만 까다로운 일입니다. 앞서 사례 속 청소년처럼 양심을 지키는 행위는 누가 시켜서 한다기보다는 자발적으로 이루어지는 일이 많습니다. 그러다 보니 양심을 외면한다 해도 누구도 모르고 나 혼자만 찔리고 넘어가는 일도 많지요. 하지만 이 양심이라는 것이 만만치 않습니다. 양심에 찔려 밥맛도 잃고 잠도 제대로 못 자는 일이 생기기도 하거든요.

만일 모두가 양심을 외면한다면 어떻게 될까요? 우리가 함께 사는 사회는 무질서와 혼돈으로 가득 차게 될 것입니다. 양심을 지킬 수 있다는 것은 그 사회를 뒷받침하는 도덕적인 가치가 활발하게 살아 있다는 것을 뜻해요. 다시 말해 좋은 가치를 중시하는 사회라는 뜻이지요.

개인마다 양심을 지키기만 한다면 범죄도 발생하지 않고 평화로운 사회가 될 수 있겠으나, 현실에서는 양심을 지키기 어려운 상황들

이 꽤 발생합니다. 특히 앞의 반장처럼 모두가 잘못된 선택을 하는
상황에서 홀로 양심선언을 한다는 것은 어려운 일이지요. 양심선언
을 한 뒤 왕따가 될 수도 있다는 위험을 감수해야 하니까요.

1535년 영국 최고의 천재라 불리던 법학자, 토머스 모어(Thomas
More)에게도 양심선언은 무척 어려운 일이었을 거예요. 그럼에도
불구하고 토머스 모어는 모든 명예를 뒤로한 채 위험을 무릅쓴 양심
선언을 했습니다. 그가 양심을 지킨 이유는 무엇이었을까요? 지금부
터 그가 양심선언을 한 재판을 살펴보겠습니다.

사건 파일 일명, '양심에 찔려 제명에 못 산 죄'
토머스 모어의 재판

/

1535년 7월, 영국 웨스트민스터 홀 왕좌 법정. 토머스 모어에 대한 반역죄 재판이 시작되었습니다. 토머스 모어가 피고인이 된다는 건 아무도 상상조차 못 했을 만큼 토머스 모어는 명성이 자자한 인물이었어요.

토머스 모어는 14살에 옥스퍼드대학교에 들어갔고, 18살에 링컨 법학원에 진학해서 4년 후 변호사 자격을 취득할 정도로 매우 똑똑한 사람이었습니다. 1509년 헨리 8세가 왕위에 오르자 모어는 헨리 8세의 총애를 받으며 많은 공직에 몸담았지요. 그는 국왕재판소 판사, 재무차관직 등을 거쳐 1529년에는 수상 직책을 겸하는 대법관이 되었습니다. 당시 모어는 영국에서 '곤경에 처한 사람들의 보호자'로 칭송받을 정도로 공정한 재판을 했다고 알려졌습니다.

토머스 모어

이처럼 천재이자 헨리 8세의 총애, 그리고 만인의 칭송을 받았던 모어가 피고인으로 법정에 서다니 어떻게 된 일일까요? 이것은 모어가 한 양심선언에서 비롯되었습니다. 바로 헨리 8세의 이혼 문제에 대한 양심선언이었어요. 헨리 8세는 왕이 되면서 어렸을 때 죽은 친형 아서의 부인 캐서 린과 결혼했습니다. 헨리 8세에게 캐서린은 형수였으므로, 이 결혼 은 도덕성 문제로 이어졌습니다. 또한, 헨리 8세와 캐서린 사이에는 자녀가 1명, 즉 메리 공주밖에 없었어요. 헨리 8세는 대를 이을 아들 을 낳고자 캐서린의 시녀인 앤 불린과 바람을 피우고 맙니다. 앤은 헨리 8세가 캐서린과 이혼하기 전에는 절대로 왕을 받아들이지 않겠 다며 헨리 8세를 압박했고, 헨리 8세는 캐서린과 이혼하기로 결심하 지요. 그런데 이혼이라는 것이 생각보다 어마어마한 문제였답니다.

지금이라면 서로 이혼 서류에 도장을 찍고 법적 절차에 따라 이혼 하면 될 일이지만, 당시에는 이혼 자체가 불가능했습니다. 당시 영국 의 가톨릭 교회법에서 이혼을 인정하지 않았기 때문입니다.

헨리 8세는 기존 법대로는 캐서린과 이혼을 할 수 없자, 새로운 주 장을 펼칩니다. 바로 자신과 캐서린의 결혼 자체가 '무효'라고 주장 한 것이지요. 헨리 8세는 성경의 「레위기」 제20장 제21절 "제 형제 의 아내를 데리고 사는 것은 추한 짓이다. 그것은 제 형제의 부끄러 운 곳을 벗긴 것이므로 그는 후손을 보지 못하리라."는 구절을 인용 했습니다.

헨리 8세는 추기경이자 대법관인 토머스 울지를 내세워 교황을 설 득하려 했습니다. 하지만 교황은 캐서린의 편이었어요. 헨리 8세는 결국 교황의 승인을 받지 못했고, 화가 난 나머지 울지를 대법관 자 리에서 물러나게 하고 반역죄로 처단합니다.

울지가 처단되자, 1529년 토마스 모어가 울지를 대신해 대법관 자

헨리 8세

리에 오릅니다. 헨리 8세는 다시 한 번 모어에게 자신의 편을 들어 캐서린과의 혼인을 무효로 할 수 있게 도와 달라고 합니다. 이에 모어는 "양심을 버리면 나라가 혼란에 빠지게 될 것입니다. 분명한 양심으로 사는 것을 선택하겠습니다."라고 대답했지요. 이후 모어는 헨리 8세의 이혼 문제에 대해 어떠한 의견도 밝히지 않고 줄곧 재판에만 몰두했어요.

헨리 8세는 이대로 이혼을 포기했을까요? 교황의 승인을 받을 수 없게 되자, 헨리 8세는 로마 교황청을 따르는 가톨릭교가 아니라, 국왕이 영국 교회의 수장이 되는 '영국 국교회'를 만들기로 합니다. 1532년 영국 교회는 로마의 가톨릭교회와 결별하는 것을 선언합니다. 헨리 8세는 스스로 종교의 수장이 되어 아예 교황의 승인을 받을 필요가 없도록 해버린 것이지요.

헨리 8세가 가톨릭교회와 결별을 선언하는 날, 모어는 건강상의 이유를 대고 사직서를 냈습니다. 영국의 종교가 세속적인 권력 위에 있다고 보고 양심에 따라 직위에서 물러난 것이에요.

이후 헨리 8세는 1533년 임신 중인 앤과 결혼식을 올렸고, '영국의 합법적인 여왕은 앤 불린이다'라는 내용의 '왕위 계승법'을 제정했습니다. 왕위 계승법에 따르면 여왕인 앤이 출산한 왕자만 왕위를 이을 수 있었는데, 운명의 장난인지 이후 앤은 안타깝게도 왕자를 출산하지 못했습니다.

왕위 계승법에는 왕과 캐서린의 결혼이 완전히 '무효'임을 선언하는 내용이 있었습니다. 헨리 8세는 신하들에게 이 법률의 내용과 효력을 지지하는 선언을 하도록 시키고, 선서를 담당하는 특별위원회를 따로 설치했어요. 모어 역시 1534년 특별위원회에 소환되었습니다. 선서 내용을 살펴보던 모어는 조항 중에 '왕을 영국 교회 수장으로 인정해야 한다'는 내용을 발견했습니다. 이 내용에 동의할 수 없었던 모어는 선서를 거부했고, 며칠 후 모어는 토지와 재산을 모두 몰수당한 채 런던탑에 구금되었지요.

1534년, 영국 의회는 로마 교황청을 따르는 가톨릭이 아닌, 국왕이 잉글랜드 교회의 수장을 겸하는 '수장법(Acts of Supremacy)'을 선포했습니다. 이제 영국 교회는 로마 교황청의 지시를 받지 않고 오롯이 영국 국왕에게만 속하게 된 것이지요. 그리고 1535년 7월 법률에 따라 양심적으로 왕위 계승법에 대한 선언을 거부한 모어는 반역죄로 기소되어 법정에 서게 됩니다. 공소 사실은 다음 3가지였어요.

첫째, 왕의 결혼과 왕의 수장권에 저항해 왕위 계승법과 수장법
　　　에 대한 맹세를 거부함.
둘째, 런던탑에 갇혔을 때, 반역 죄인인 존 피셔 주교와 반역을
　　　모의하는 편지를 주고받음.

셋째, 런던탑에 갇혔을 때, 법무차관 리처드 리치 경과 대화하면서 왕을 영국 교회의 수장이라고 선언하는 권리를 인정할 수 없다고 함.

모어는 당황하지 않고 공소 사실에 대해 하나씩 반박했습니다. 첫째, 맹세를 거부했다는 공소 사실에 관해 모어는 맹세를 거부하는 행위를 하지 않았고 어떠한 의견도 나타내지 않은 채 단순히 '침묵'했다고 주장했어요. 법률에서는 '묵시적 동의'라는 말이 있는데, 이는 아무런 의사를 표시하지 않고 침묵하는 것을 '동의'하는 것으로 보는 것입니다. 즉, 침묵은 거부가 아니라 오히려 동의에 가깝다는 것이지요. 그러니 모어가 단순히 침묵했다고 해서 맹세를 거부하는 행위를 했다고 보는 것은 억지 주장에 가까웠습니다.

두 번째 공소 사실에 관해 모어는 피서와는 오랜 친구 사이로 수감 생활 중 이야기를 나누고자 편지를 주고받은 것뿐이라고 진술했어요. 주고받은 편지는 피서가 모두 불태워 버려서 어떠한 증거도 존재하지 않는다고 덧붙였지요. 마지막 공소 사실에 관해 모어는 법정에 증인으로 출석한 리치 경이 '모어는 왕을 영국의 수장으로 인정할 수 없다고 말했다'라고 한 증언을 반박했습니다. 중대한 재판을 앞둔 상황에서 진실성이 없다고 소문난 리치 경에게 국왕의 수장권에 대한 속마음을 털어놓을 리 없다고 말이지요.

당대의 천재이자 최고의 판사, 대법관이었던 모어의 반박은 매우 설득력이 있었습니다. 그럼에도 불구하고 휴정 후 열린 선고 법정에서 오들리 재판장은 모어에게 유죄를 선고했습니다. 형벌에 관해 말하려는 순간, 모어는 최후 진술의 기회를 요청했습니다. 오들리 재판장은 모어에게 마지막 기회를 주었어요. 그러자 모어는 가톨릭 신자로서 '교회의 최고 통치권은 어떤 법으로도 세속 군주인 왕에게 부여할 수 없으며, 오직 로마의 교황에게만 있다'고 양심선언을 했습니다. 그리고 같은 해 7월 모어에 대한 사형이 집행되었습니다.

양심을 따랐던 모어가 과연 옳았던 것일까?

/

목숨을 내놓으면서까지 자신의 신념과 양심을 지킨 토머스 모어. 그렇다면 그가 믿어 의심치 않았던 양심, 종교의 수장은 교황이며 교황청에 속한 가톨릭을 따라야 한다는 믿음은 무결한 것이었을까요? 죽음까지 불사하고 지킨 양심이니 당연히 좋고 이로운 것이라고 생각해도 되는 걸까요?

헨리 8세가 영국 국교회를 세운 이유는 캐서린과의 이혼, 앤 불린과의 재혼 문제 등으로 시작된 것이긴 했지만, 사실 큰 흐름은 당시 활발하게 일어난 종교 개혁과 맞닿아 있었습니다.

16세기 유럽에서는 로마 가톨릭교회가 부패했으니 개혁해야 한다는 움직임이 여럿 있었습니다. 독일, 프랑스 등 유럽 대륙에서는 독일의 루터파, 프랑스의 칼뱅파 등이 주류가 되어 개혁 운동을 펼쳤습니다. 영국은 섬나라였기에 독자적으로 개혁을 하고 있었지요.

마르틴 루터

종교 개혁은 로마 가톨릭교회가 구교인 '천주교'와 신교인 '개신교'로 나뉘는 계기가 됩니다. 로마 가톨릭교회에 반대하는 세력들이 생기면서 로마 가톨릭교회에서 독립해 여러 종파의 개신교로 거듭나게 되었지요.

당시 가톨릭교회가 얼마나 부패했는지를 살펴볼까요. 중세의 로마 가톨릭교회는 신자에게 벌을 면해 주는 대가로 기부금을 받고 교황의 이름으로 발행한 문서, 즉 '면벌부(면죄부)'를 팔았습니다. 가톨릭교회는 성당 건설 등을 이유로 많은 돈이 필요해지자 면벌부를 마구 발행하며 점차 부패해져갔어요.

그러자 독일의 마르틴 루터(Martin Luther)는 로마 가톨릭교회를 비판하며 '95개조 반박문'을 발표했습니다. 이 반박문은 유럽 사회에 알려졌고, 종교 개혁이 널리 퍼지는 역할을 했습니다.

반박문에는 '교황은 면벌부를 통해 신자들의 벌을 용서할 힘을 가지고 있지 않고, 죄는 금전으로 소멸되는 것이 아니라 회개함으로써 사하여지는 것이다'는 내용이 담겨 있었어요.

이 주장은 당시 면벌부를 팔던 중세 교회에 파문을 일으키기에 충분했습니다. 그 결과, 독일에서는 본격적으로 종교 개혁의 움직임이 일어났고, 루터의 95개조 반박문은 유럽의 여러 나라에 알려졌지요. 영국의 헨리 8세도 루터의 반박문을 보았습니다.

처음 헨리 8세는 루터의 95개조 반박문을 읽고 나서 강력한 반대 의사를 표시했습니다. 그때는 수장법을 선포하기 전이었기에 헨리 8세는 로마 가톨릭교회에 믿음을 지키겠다는 태도를 보였지요. 로마 가톨릭교회는 헨리 8세의 이러한 행동을 칭찬하며, 믿음을 지키는 신실한 자로 인정할 정도였어요.

하지만 앞서 살펴본 바와 같이 헨리 8세의 믿음은 그리 오래 가지 못했습니다. 헨리 8세는 수장법을 선포했고, 영국 교회의 수장은 이제 영국 국왕이 되었습니다. 헨리 8세가 당시 종교 개혁의 흐름을 탄 것일까요? 이유가 무엇이었든 간에 영국에서도 유럽의 다른 나라들과 마찬가지로 대대적인 종교 개혁이 일어났습니다. 헨리 8세는 직접 새로운 대주교로 토머스 크랜머를 임명했습니다. 크랜머는 루터, 칼뱅의 종교 개혁에 영향을 받은 사람이었어요. 그는 헨리 8세를 도와 영국 국교회를 크게 개혁해 나갔습니다.

'성공회'라고도 불리는 영국 국교회는 완전한 개신교는 아니고, 로마 가톨릭교회의 배경에 루터와 칼뱅의 개혁 신앙을 일부 혼합한 형태였습니다. 이후 영국은 영국 국교회에 만족하지 않고 좀 더 칼뱅의 사상에 가깝게 종교를 개혁합니다.

장 칼뱅(Jean Calvin)은 사람들이 자신의 직업에서 근면 성실하게 임하고 성공하는 것을 신의 은총과 구원의 징표로 여겼습니다. 그의 영향을 받아 '청교도'가 탄생했습니다(청교도인들과 관련된 역사적 사건은 '세일럼의 마녀재판'에서 다시 등장합니다). 이후 청교도는 영국 국교회에서 벗어나고자 교황의 수장이 된 영국 국왕을 거부하고, 이교적인 예배 의식, 사제들의 복장, 성경에 근거가 없는 면죄 행위, 십자가 사용, 대부모 제도의 폐지를 주장했습니다.

이렇듯 모어가 양심을 걸고 지킨 '가톨릭교회'는 당시의 부패 세력이었습니다. 모어의 양심은 무결할지 모르지만, 그가 믿은 종교 자체가 무결했다고 판단하기는 어렵지 않을까 합니다. 양심이 추구하는 가치는 개인에 따라, 또 사회에 따라 다르게 평가될 수 있으니까요.

헌법이 내 양심을 지킬 자유를 보장해 줄까?

/

모어의 가톨릭교회를 수호하겠다는 양심선언, 16세기 유럽 각지에서 일어난 종교 개혁은 모두 개인의 양심과 종교의 자유에 근거를 둡니다. 목숨까지 내놓아야 했던 모어의 시대와 달리, 오늘날 개인의 양심과 종교의 자유는 헌법에서 보장하는 '기본권'입니다. 기본권은 헌법이 보장하는 국민의 기본적인 권리를 말해요. 이 기본권은 '포괄적 기본권'과 '개별적 기본권'으로 나뉩니다.

포괄적 기본권은 인간이라면 누구나 가지는 존엄과 가치, 행복을 추구할 권리를 말합니다. 이것은 모든 기본권이 지향하는 근본적인 가치로 볼 수 있어요. 즉 다른 기본권들을 모두 포괄하는 상위 개념, 이름 그대로 '포괄적인' 기본권인 셈이지요. 개별적 기본권은 자유권, 평등권, 사회권, 참정권, 청구권으로 또 나뉘어요. 하나씩 살펴볼게요.

자유권은 국가 권력 등의 간섭을 받지 않고 내가 원하는 대로 살고, 생각하고, 움직일 수 있는 권리를 뜻합니다. 평등권은 이름 그대로 인종, 성별 등으로 부당하게 차별당하지 않을 권리를 말해요. 사회권은 국가가 적극

적으로 개입해 한 개인이 국가 내에서 교육이나 근로 등을 보장받을 수 있는 권리예요. 참정권은 국가의 의사를 결정하는 최고 권력인 주권이 국민에게 있다는 것을 뜻하며 선거권, 투표권 등이 여기에 해당됩니다. 마지막으로 청구권은 한 개인이 재판을 청구할 수 있는 권리를 말해요. 재판(민사, 형사, 행정) 청구권, 국가 배상 청구권 등이 이에 해당합니다.

앞서 말한 개인의 양심과 종교의 자유는 기본권 중에서도 자유권에 해당해요. 우리나라의 헌법 제19조에는 양심의 자유가, 제20조에는 종교의 자유가 각각 규정되어 있어요. 헌법에는 '모든 국민은 양심의 자유를 가진다'(19조), '모든 국민은 종교의 자유를 가진다'(20조)라고 규정되어 있지만, 양심, 종교의 자유가 어떤 상황에서든 무한정 보장되는 것은 아닙니다. 상황에 따라 자유가 완전히 보장되기도 하고, 또 반대로 제한되기도 하지요.

일반적으로 한 개인이 마음속에서 양심을 만들고, 이에 따라 어떤 결정을 하는 것은 '절대적 자유(어떤 상황에서든 자유가 보장됨)'가 주어집니다. 그러나 한 개인의 양심이 타인의 기본권이나 다른 헌법적 질서를 거스르는 경우라면 어떨까요? 이미 정해진 법률로 그 자유가

제한될 수 있습니다. 이른바 양심 유지의 자유, 양심 실현의 자유처럼 제3자나 사회와 관련된 영역에서는 '상대적 자유(상황에 따라 자유가 보장될 수도 있고 안 될 수도 있음)'만 보장된다는 것이지요.

종교의 자유 또한 마찬가지예요. 한 개인의 마음속에 머무르는 영역, 즉 종교를 선택하고, 믿거나 혹은 믿지 않는 등 내적 영역에서는 '절대적 자유'가 보장됩니다. 그러나 종교적인 행위를 해서 다른 사람의 기본권이나 헌법적 질서를 거스른다면 법률로 제한되어 '상대적 자유'만 보장됩니다.

양심과 종교는 그 범위가 어디까지인지, 또 이를 따르고자 어떤 법률이나 정책에 대해 저항할 때 어디까지 가능한 것인지에 대해 뚜렷한 결론을 내리기가 어려워요. 모어가 가톨릭교회에 대한 자신의 신념을 표현한 것이 '반역죄'로 처벌받은 사건은 지금의 시각에서 볼 때 상당히 불합리해 보입니다. 가톨릭교회를 믿고, 안 믿고는 모어의 자유니까요. 허나 모어가 살았던 시대에는 수장법과 반역법이 법률로 제정되어 있었기 때문에, '반역'이라는 판단을 받은 것이지요. 이처럼 양심과 종교의 자유는 당시 시대의 흐름과 제정된 법률에 따라 그 저항이 마땅한지가 판단될 수 있어요. 이것은 법이 꾸준히 발전해야 하는 이유이기도 합니다.

국민의 의무와 양심이 충돌한다면?

/

모어가 살던 시대나 문제가 되었지, 요즘 같이 자유로운 의사 표현이 가능한 시대에 개인의 양심과 종교의 자유가 문제되는 일이 있을까요? 의외로 찬반 의견이 첨예하게 대립하는 사건이 있는데, 바로 '양심적 병역 거부' 사건입니다. 양심적 병역 거부란, 자신의 종교나 양심에 따라 군사 훈련을 해야 하는 국방의 의무를 거부하는 행위를 말해요.

사실 헌법은 국민의 권리만 보장하는 것이 아니랍니다. 국민으로서 마땅히 해야 할 '의무' 역시 규정해 놓았지요. 국민이라면 누구나 4가지 의무를 이행해야 해요. 바로 국방의 의무, 납세의 의무, 교육의 의무, 근로의 의무입니다. 이 의무들을 해내지 않으면 법률로 제재나 불이익을 당할 수도 있어요. 이 중 국방의 의

> **헌법상 국민의 4대 의무**
> ∙∙∙∙∙∙∙∙∙∙∙∙∙∙∙∙∙∙
> 국방의 의무
> 납세의 의무
> 교육의 의무
> 근로의 의무

무는 다른 나라와 달리, 우리나라 헌법에 있는 특수한 조항이에요. 우리나라는 휴전국으로 여전히 남한과 북한이 서로 다른 이념으로 대치하고 있어요. 때문에 국방을 지키는 것이 매우 중요해서 남성의 군 복무가 법에 규정되어 있지요.

양심적 병역 거부는 자신이 믿는 종교적 믿음이나 양심에 따라 군사 훈련을 받는 것을 거부하고, 국방의 의무를 이행하지 않는 것을 말합니다. 국방의 의무를 이행하지 않으면 병역법 위반으로 처벌을 받을 수 있어요. 그래서 양심적 병역 거부자를 병역법 위반 대상으로

봐야 하는지에 대해 팽팽한 찬반 의견이 있습니다.

양심적 병역 거부를 찬성하는 측은 종교적 신념 등에 따라 양심적으로 병역을 거부한 사람들이 군인으로 복무하는 대신 다른 직으로 대체해 국방의 의무를 이행하게끔 해야 한다고 주장합니다. 예컨대, 기술이 있다면 그와 관련한 산업기능요원이나 전문연구요원 등으로, 예술, 체육 계통을 전공했다면 예술, 체육요원으로 복무하도록 하는 것이지요. 이들을 단순히 병역을 기피하려는 시각으로 보지 않고 복무 기간 연장, 업무 강화 등을 통해 얼마든지 병역 의무를 수행할 방법을 마련해야 한다는 것입니다. 이를 위해서는 심층 면접, 복무 후 심사 등을 해서 양심적 병역 거부자들을 철저히 구분하는 절차가 필요합니다.

반대 측은 대체 복무제를 두면, 병역을 기피하는 수단으로 악용될 가능성이 높다고 주장합니다. '진짜' 종교적 문제로 병역 거부를 하는 것인지 판단하기 어렵고, 소수자들의 인권을 보호하기 위해 대체 복무제를 두려면 그 비용 또한 만만치 않다고 지적해요. 징병제 국가에서는 형평성 있게 병역 의무를 수행하는 것이 매우 중요하며, 예외를 두는 것은 병역 의무를 다하는 다른 사람들에게 상대적 박탈감을 줄 수 있다고 보는 것이지요.

여러분은 이 문제에서 찬성과 반대 중 어떤 의견에 가까운가요? 양심적 병역 거부 사건을 하나의 예로 들었으나, 앞으로는 점점 더 활발하게 양심과 종교의 자유에 관한 다양한 이슈들과 찬반론들이 등장할 것으로 예상됩니다. 개인의 종교와 양심 문제가 사회의 질서

혹은 약속과 대치될 때, 어떻게 해결하는 것이 정의로운 방법인지 생각해 보는 것은 어떨까요.

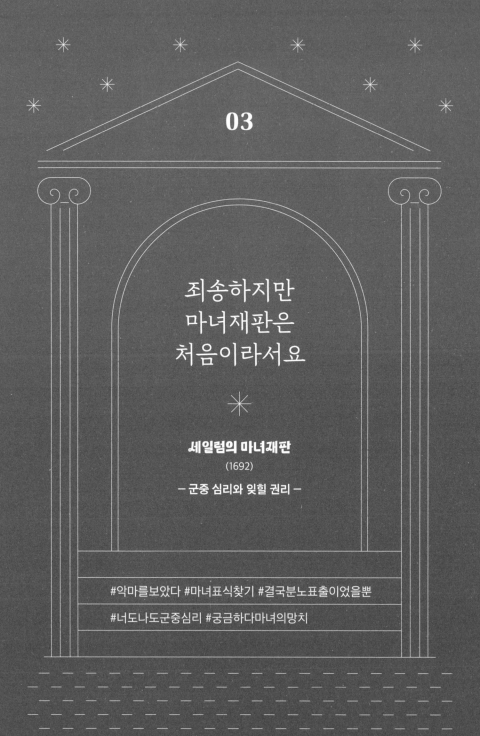

03

죄송하지만
마녀재판은
처음이라서요

✳

세일럼의 마녀재판
(1692)

― 군중 심리와 잊힐 권리 ―

#악마를보았다 #마녀표식찾기 #결국분노표출이었을뿐

#너도나도군중심리 #궁금하다마녀의망치

저는 인별그램을 자주 사용해요. 인별그램을 하다 보면 다양한 인플루언서들에게서 아이디어를 얻을 수 있고, 멀리 있는 친구들과도 소통할 수 있어서 좋거든요. 제가 팔로우하는 사람들 중에는 친한 친구들도 있지만, 한 번도 만난 적 없는 연예인들도 있습니다. 저는 연예인 A의 오랜 팬인데, 가끔 A의 인별그램에서 A의 활동을 구경해요. A는 청소년들 사이에서 '바른 말'만 하기로 유명해요. 그런데 연신 '좋아요'만 있던 A의 인별그램이 요즘 조금 이상해졌어요. 갑자기 '싫어요'가 늘기 시작하더니, 말로 담지 못할 부정적인 댓글이 달려 있었습니다.

　도대체 갑자기 왜 그러는지, 사진과 댓글을 읽어 보았습니다. 알고 보니 A가 취한 포즈 때문이었어요. 저도 이번에 댓글을 보고 알았는데 A가 취한 포즈는 특정 커뮤니티에서 한 인종에 대한 비하와 혐오를 나타내는 의미라고 합니다. 사람들은 A에게 '무례하다.' '세상이 어느 때인데 아직도 인종 차별을 하지?' 'A, 그렇게 안 봤는데 정말 깬다.' 같은 댓글이 달려 있었어요. 댓글을 보면서 덩달아 저도 심장이 철렁 내려앉는 것 같았어요. 사실 A가 취한 포즈는 사람들이 흔히 하는 평범한 자세이기도 해서 저도 아무 의미 없이 그 포즈를 취한 적이 있거든요. 하지만 맹세코 인종 비하를 하는 의미인 줄은 전혀 몰랐어요. 솔직히 왜 그런 의미가 담긴 포즈가 되었는지 이해되지 않기도 했고요.

순식간에 비판적인 댓글들이 달리자, A는 인별그램에서 그 사진과 글을 삭제했습니다. 하지만 삭제하고 나서 더 난리가 났어요. 인터넷에는 이미 삭제한 A의 인별그램 캡쳐 사진이 퍼졌고, A의 인별그램을 보지 않은 사람들도 무슨 일이 생겼는지 알 정도로 일이 커진 거예요. 급기야 이와 관련된 기사도 나왔고, '그동안 A의 바른 이미지는 다 거짓이었다'는 댓글들이 마구 달렸어요. 뒤늦게 A는 '그런 의미가 아니었다'고 해명했지만, 이제는 A가 어떤 생각으로 인별그램에 사진을 올렸는지는 아무도 관심 갖지 않았어요. 진실이 무엇인지는 밝혀지지 않은 채 그저 'A가 인종 비하와 혐오를 했다'는 부정적인 의견들만 인터넷에 선명하게 남았지요. 저는 갑자기 무서워졌습니다. 만약 저에게 A와 같은 일이 일어나면 어떻게 하지요? 변명할 기회가 있기나 할까요?

* * *

실제로도 인터넷에서 이런 일이 적지 않게 일어납니다. 디지털 세상에서 일어나는 사건 사고 중 대부분은 특정 인물을 검증되지 않은 단서로 함부로 비방하고, 이것이 사실인 양 대중에게 그대로 전파되는 식입니다. 어떻게 보면 '현대판 마녀사냥'과도 같다고 할 수 있습니다.

문제는 디지털 기술이 급속도로 발전하고 우리가 디지털 세상에서 할 수 있는 일들이 매우 많아진 것에 비해 법적 질서는 그렇게 빠르게 마련되지 않는다는 거예요. 디지털 미디어가 사용되는 초기에만 해도 온라인에서 비방과 악플을 다는 사람들조차 자신이 하는 행동이 얼마나 악한지, 심각한 행동인지에 대한 자각이 별로 없었어요. 그로 인해 고통 받는 사람들 역시 자신들이 이런 비방에 어떻게 대응해야 하고, 보호받아야 하는지를 몰랐습니다.

이렇게 법적 질서가 마련되지 않는 영역에서 일어난 비방과 폭력, 그리고 재판이 과거에도 있었어요. 바로 '세일럼'이란 곳에서 말이지요. 이제부터 세일럼의 마녀재판을 살펴보며 한 번도 경험해 본 적 없는 영역의 재판이 얼마나 군중 심리에 휘둘릴 수 있는지를 알아보겠습니다.

사건 파일 일명, '광기 속에서 잘못된 재판을 한 죄'
세일럼의 마녀재판

/

1692년 1월, 미국 매사추세츠 주에 있는 항구 도시 세일럼에 새로 부임한 목사 새뮤얼 패리스(Samuel Parris)는 어느 날 자신의 딸인 베티 패리스와 조카인 애비게일 윌리엄스가 심한 발작과 이상 행동을 보이는 것을 발견했습니다. 베티와 애비게일은 방안을 이리저리 뛰어다니거나 몸을 뒤트는 등 이상한 행동을 하면서 알아들을 수 없는 소리로 이야기했어요. 패리스는 서둘러 의사에게 이들을 데려가 진찰을 받았으나, 뚜렷한 원인을 찾을 수 없었지요. 패리스는 목사인 자신의 잘못으로 아이들에게 이러한 사건이 일어났다고 생각했고, 기도회를 열었어요. 성심껏 기도했으나 아이들의 증상은 전혀 낫질 않았습니다.

당시 세일럼은 독실한 청교도 신앙 사회였어요. 청교도를 믿지 않는 자들은 이단으로 보아 추방하고 억압해야 할 악으로 여겼습니다. 그러한 분위기 탓이었을까요? 의사는 다시 찾아온 패리스에게 아이들에게 이런 증상이 나타난 이유가 세일럼에 숨어 있는 마녀들 때문이라는 다소 황당한 진단을 내립니다.

한편, 패리스 집안의 노예이자 두 소녀의 보모인 티투바는 우연히 주변 사람들에게서 아이들의 소변으로 호밀 가루를 반죽한 '마녀의 빵'을 만들어 개에게 먹이면 악령의 정체를 알 수 있다는 이야기를 들었습니다. 티투바는 두 소녀를 낫게 하려고 마녀의 빵을 만들어 개에게 먹였지요. 하지만 아이들을 치료하기는커녕 오히려 이러한 티투바의 행동을 알게 된 패리스의 의심만 사게 되었어요.

패리스는 티투바의 의심스러운 행동을 지켜보던 중, 베티와 애비게일을 괴롭힌 사람이 있을 것이라고 생각하지요. 그래서 아이들에게 직접 누가 괴롭혔냐고 이름을 대라며 추궁했어요. 이미 걷잡을 수 없이 이상한 행동을 보이는 아이들에게 추궁까지 하니 당연히 정상적인 행동을 보일 리 없었습니다. 아이들은 한동안 알 수 없는 이야기를 중얼거리거나 말을 하지 않는 등 이상 행동을 하다가 결국 세 명의 여자를 지목했습니다. 그들은 티투바, 사라 굿, 사라 오스본이었어요. 패리스는 즉시 세 여자를 마녀로 고발했습니다.

세일럼의 마녀재판 장면

　세일럼의 치안 판사는 구속 영장을 발부해 이들을 구금했습니다. 치안 판사는 1692년 3월 세일럼 마을의 교회에서 피의자들을 공개 심문했어요. 심문을 위해 피해자로 출석한 소녀들은 세 여자를 보고 비명을 지르거나 몸을 뒤틀고 구르는 등 이상 행동을 보였습니다. 마녀에 대한 부정적 인식이 만연한 상황에서 엎친 데 덮친 격이었지요. 세 여자는 악마를 만난 적도, 본 적도 없다며 결백을 주장했지만, 법정에서 그들의 이야기를 믿어 줄 사람은 없었습니다.

　이 재판은 이미 결론이 정해져 있었습니다. 피의자들 중 한 명이 자백해야 끝날 수 있었지요. 자백을 받아내기 위한 심문이 이어졌고, 결국 티투바가 "나는 악마의 하녀다. 굿과 오스본은 공범이다."라고 자백하는 것으로 재판은 끝이 났습니다.

티투바가 악마의 하녀라고 자백했다는 것이 세일럼 마을에 알려지면서 마녀가 실제로 존재한다는 믿음이 생겨났습니다. 그뿐만이 아니었습니다. 티투바, 굿, 오스본이 감옥에 있는데도 아이들의 증상이 나아지지 않자, 마을에 있는 다른 마녀들을 잡아야 한다는 인식이 퍼지기 시작했지요.

그렇게 해서 마녀들에 대한 고발이 세일럼 마을 전체에 유행처럼 퍼졌고, 주민들은 주변 사람들을 고발하기 시작했습니다. 나이, 성별, 직업을 가리지 않고 이웃 사람, 때로는 여자 형제 등 가족들을 고발하기도 했어요. 고발하는 이유는 마녀가 마법을 부려 순결한 사람을 괴롭히고 타락시킨다는 것이었습니다.

세일럼에서 수많은 마녀 고발 사건이 생기자, 뉴잉글랜드 총독 윌리엄 핍스(William Phips)는 한시적으로 마을에 관할 판사가 이곳저곳을 돌면서 간략하게 재판을 하는 형사 순회 재판소를 설치하기로 결정했어요.

형사 순회 재판소는 어떻게든 피고발자(고발을 당한 사람)가 마녀임을 입증하기 위해 노력했는데, 가장 쉬운 방법은 마녀에게 자백을 강요하는 것이었습니다. 사실 마녀가 아닌 사람에게서 '내가 마녀가 맞다'는 자백을 듣는 방법은 하나밖에 없었어요. 자백을 할 때까지 엄청난 고문을 하는 것이지요. 마녀를 신문하면서 다양한 방법으로 고문했고, 고문을 당하다가 재판을 받기도 전에 감옥에서 죽는 경우도 있었습니다.

만약 마녀가 자백하기를 거부하면, 주요한 증거로서 피해자가 '피고인의 환영 또는 유령이 자기를 괴롭혔다'고 증언하는 '환영 증거'를 댔습니다. 또, 피고인에게 피해자를 만지도록 해 그 반응을 살피는 '접촉 테스트', 조사관들이 남녀를 불문하고 마녀의 표식을 찾기 위해 실시하는 '신체 검사' 등을 증거로 사용했어요.

환영 증거와 접촉 테스트는 오로지 피해자의 반응과 증언으로만 이루어진 것이었어요. 피해자가 어떤 사람을 마녀로 몰아 증언하는 경우, 피고인이 마녀가 아니라는 것을 입증하기란 매우 어려운 일이었습니다. 신체 검사로 마녀의 표식을 찾는 것은 더욱 황당했어요. 마녀의 표식이라고 여겼던 것들은 상해나 질병으로 몸에 생긴 상처나 흉 같은 것이었거든요. 간수들은 감옥에서 이런 표식을 찾아내기 위해 붙잡혀 온 여자들의 알몸을 수색하기도 했습니다.

피해자의 주관적인 주장과 몸에 남겨진 흉을 증거로 삼는 재판이 공정할 리 만무했습니다. 마녀로 지목된 자는 제대로 된 변론 한 번 못 해보고, 억울한 판결을 받을 수밖에 없었습니다.

참으로 아이러니하게도 핍스 총독의 아내가 마녀로 고발되는 사건이 일어났습니다. 핍스 총독은 자신의 아내가 마녀로 고발되자, 환영 증거를 포함한 불분명한 증거를 사용하지 말라고 명령을 내렸어요. 이후 1692년 10월 핍스 총독은 형사 순회 재판소를 해산시켰고, 마녀 혐의자를 구금하는 일을 중단시켰습니다.

더 이상 환영 증거를 쓰지 못하게 되자 세일럼의 마녀재판도 막을 내립니다. 1692년 9월 마지막 처형이 집행될 때까지, 세일럼 지역에서는 마녀 재판으로 19명이 교수형을 당했고, 1명은 가슴 위에 무거운 돌을 올려놓는 처형을 당했습니다.

청교도인들을 휩쓴 광기 어린 군중 심리에 대하여
/

　세일럼의 주민들이 모두 광기에 빠져 마녀사냥을 한 원인은 세일럼 지역에 살던 청교도 공동체가 맞닥뜨린 상황에서 찾을 수 있습니다. 1692년 당시 미국은 영국의 식민지였어요. 미국에 살고 있던 사람들은 영국에서 가난한 계층으로 고통 받다가 신대륙에 대한 부푼 꿈을 안고 이주한 자들이었습니다. 이주자들이 급속도로 늘면서 이들이 옮겨 간 대서양 연안은 상업의 중심지로 빠르게 성장했습니다. 그중에서도 매사추세츠 주에 있는 세일럼은 대표적인 항구 도시로 상업의 중심지가 되었지요.

　세일럼을 비롯한 미국 내로 이주한 영국인들 중에는 청교도를 믿는 신자들이 많았습니다. 청교도는 16, 17세기 영국과 미국 뉴잉글랜드에서 유행한 개신교의 한 종파입니다. 로마 가톨릭교회를 배척하고 엄격한 도덕적 기준을 두어, 향락은 금기시하고 주일을 신성하게 여기는 등 철저한 교리를 가진 종교로 발전했지요. 당시 청교도는 영국 국교회, 즉 성공회로부터 탄압을 받았어요. 탄압에서 벗어나고자 많은 청도교인들이 미국으로 이주했습니다.

　낯선 땅에 터를 잡고 살아가려면 공통점을 가진 무리들이 모여 서로 돕고 사는 것이 유리합니다. 청교도인들은 함께 종교를 믿으며 생산 활동도 같이 하는 청교도 공동체를 만들어 갔어요. 농부, 기능공, 상인, 변호사, 목사 등으로 구성된 청교도 공동체는 청교도의 교리에 따라 검소하고 성실하게, 그리고 독립적으로 마을을 꾸렸습니다. 영국의 가난했던 삶과는 달리 미국에서 시작한 삶은 그들에게 새로운 희망을 주었습니다. 하지만 견고할 것 같았던 청교도 공동체에 작은 균열이 생기기 시작했습니다. 함께 생산 활동을 하면서 평화롭게 살아가던 삶의 방식에 변화가 생긴 것이지요.

항구 도시였던 세일럼은 점차 발전해 상업의 중심지로 성장했어요. 그로 인해 큰 재산을 모은 상인들이 등장했습니다. 상인들은 토지를 사들였고, 이후 토지를 가진 자와 그 토지를 경작하는 자 사이에는 보이지 않는 계급이 생겨났어요.

토지를 가진 자는 주로 상인들이었고, 토지를 경작하는 대다수 주민은 농부들이었습니다. 토지를 가진 상인들은 점점 부유해졌고, 농부에게 권력을 휘두르는 일이 늘어났습니다. 그 이유로 농부들은 토지를 가진 상인들과 맞서는 일이 잦아졌어요. 게다가 마을에 역병까지 돌아서 농부들의 삶은 더욱 가난해졌습니다. 농부들은 부유한 상인들, 즉 토지를 가진 자들을 향한 분노가 점점 커졌지요.

그뿐만이 아니었어요. 원래부터 세일럼 지역에 살고 있던 원주민들과 청교도 공동체 사이에도 갈등이 커졌습니다. 둘 사이에는 알게 모르게 대립 관계가 만들어졌는데, 그러한 상황에서 마을에 역병이 돌고 흉작이 되어 먹고살기 힘들어지자 원주민들에 대한 분노도 쌓여 갔어요.

　이러한 분노가 폭발한 사건이 바로 세일럼의 마녀재판이었습니다. 급변하는 사회 속에서 문제를 풀 방법을 찾지 못한 채, 역병과 흉작으로 삶이 팍팍해지자 그 분노를 해소할 대상을 찾은 것이지요. '토지를 가진 자 vs. 가지지 못한 자', '상인 vs. 농부', '청교도를 믿는 자 vs. 믿지 않는 자'라는 각각의 대치 상황에서, 청교도를 믿는 다수의 농부들은 소수의 사람들을 마녀로 몰아 그 분노를 풀어 댄 거예요.

　사회학, 심리학에서는 이것을 '군중 심리'라고 말합니다. 군중 심리는 많은 사람들 속에 있는 개인이 그 개성을 잃고 군중으로 일체화되는 것을 말해요. 당시 청교도인들 가운데는 이 광기 어린 마녀재판이 이상하다고 여긴 사람들도 있었을 것입니다. 하지만, 마녀재판에 반대하기에는 너무 많은 사람들이 마녀에 분노했고, 재판에 찬성했기에 자신의 의사를 분명하게 표현하기 힘들었어요. 결국 청교도 공동체와 같은 입장이 되어 마녀 몰이를 할 수밖에 없게 되었고, 누구하나 반대하지 않는 분위기는 더욱 극단적인 군중 심리를 만들게 되었지요.

　당시 세일럼의 청교도인들은 자신들이 믿는 청교도와 자신들이 일군 청교도적 농경 사회에 맞서는 '2차 산업으로의 변화'를 받아들이기 싫었습니다. 그 변화에 맞서기 위한 청교도인들의 군중 심리가 작용해 자신들을 위협하는 마녀라는 존재를 만들어 냈고, 이렇게 잘못된 재판을 하기에 이른 것이지요.

역사상 가장 비이성적인 재판이 유행하다

/

사실 마녀재판은 1692년경 세일럼에서 유행하기 전에 이미 유럽에서 한 차례 휩쓸고 지나갔습니다. 유럽에서는 중세 시기, 정확하게는 15세기경에 마녀재판이 유행했지요. 세일럼의 마녀재판이 청교도 공동체에 원인이 있었던 것처럼 유럽의 마녀재판 또한 가톨릭교회에 원인이 있었어요.

당시 마녀재판은 13세기 이후 로마 가톨릭교회의 위기에서 시작되었습니다. 가톨릭교회는 그리스도교의 성지인 예루살렘을 탈환하기 위해 11세기 말부터 13세기 말까지 200년에 걸쳐 이슬람군과 전쟁을 벌였어요. 이것을 '십자군 전쟁'이라 합니다. 군사들이 가슴에

1204년 십자군이 정교회 도시 콘스탄티노플을 정복하다

십자가를 새긴 옷을 입고 출전할 정도로 야심차게 시작한 전쟁이었으나, 십자군들은 이슬람군에게 대패하고 말았지요. 이후 가톨릭교회 수장인 교황의 권한은 점차 약해졌습니다.

교황의 권한이 약해지자 가톨릭교회의 교리와 맞서는 여러 무리들이 나타났어요. 또한 당시 유일한 국가 종교였던 가톨릭교회와는 완전히 다른 종교를 믿는 사람들이 늘어났습니다. 가톨릭교회는 우후죽순으로 생겨나는 이단을 탄압할 방법을 모색했습니다. 마녀재판은 이단을 처단하는 데 가장 좋은 방법이었지요. 하지만 아이러니하게도, 마녀재판이 성행한다는 것은 곧 이단을 믿는 사람들이 늘어났다는 것을 의미했어요. 이는 곧 가톨릭교회가 그만큼 힘을 잃었고, 머지않아 종교 개혁이 일어날 것이라는 예고이기도 했습니다.

마녀재판은 1484년 교황 인노첸시오 8세가 마녀의 존재를 인정하고, 이를 엄벌에 처하겠다고 선언한 칙서를 발표하면서 시작되었습니다. 1487년에는 도미니크 수도회의 성직자들이 『마녀의 망치(Malleus Maleficarum)』라는 책을 펴내면서 마녀재판의 유행은 유럽 전체로 퍼져 나갔습니다. 특히 『마녀의 망치』책이 유럽 여러 나라들에 빠르게 퍼진 데는 당시 구텐베르크의 금속 활자 인쇄술이라는 최신 기술의 발명이 있었기에 가능했어요. 이른바 '정보 확산의 혁명'이라 일컫는 인쇄술의 발명 덕분에 유럽 전역에 『마녀의 망치』가 보급된 것이지요.

중세의 가톨릭교회 신자들은 이단의 악마들을 찾아 마녀재판을 단행했습니다. 마녀로 확정되면 바로 사형을 선고했고, 그들은 주로

마녀사냥 ©mullica

화형을 당했습니다. 마녀는 재판을 받고 화형을 당할 때까지 드는 모든 비용 또한 직접 지불해야 했어요. 화형을 당한 다음에도 재산을 모두 몰수당했지요.

마녀사냥은 19세기 계몽주의 시대에 들어서며 점차 미신에 가까운 것으로 평가되었습니다. 계몽주의로 인간이 태어날 때부터 가지는 '천부 인권' 즉, 국가 권력도 침해할 수 없는 인간의 권리를 인정하게 되었어요. 그로 인해 개인의 재판을 받을 권리가 보장되면서 유럽과 미국 등에서 마녀재판은 공식적으로 사라지게 되었습니다.

현대판 '마녀재판'은 계속되고 있다

/

마녀재판이 역사 속으로 사라졌다고 해도 여전히 현대판 마녀사냥은 계속되고 있습니다. 과거의 마녀사냥은 한 지역에서만 일어나는 양상이었지만, 지금의 마녀사냥은 SNS를 통해 전국적으로, 혹은 국가를 넘어 전 세계적으로 일어날 수 있어서 그 피해가 더욱 심각합니다. 인터넷에서는 방대한 자료들을 쉽게 복사해 저장할 수 있고, 또 업로드할 수 있어요. 그래서 어떤 정보가 한 번 인터넷상에 등장하면 순식간에 퍼져 나갑니다.

문제는 이 정보가 잘못된 가짜 뉴스일 경우입니다. 어떤 사람에 대한 잘못된 정보, 비방, 소문이 인터넷에 등장하면 인터넷의 특성상 너무 빨리, 넓게 퍼져 버리고 말아요. 사람들은 이 정보가 진짜인지 알아볼 생각을 하지 않지요. 특히 SNS에서는 군중 심리에 휩쓸려 너무 쉽게 비방에 동참하고, 빠른 속도로 잘못된 정보를 퍼트립니다. 바로 현대판 마녀사냥이 일어나는 것이지요.

피해자는 광범위한 인터넷 영역에서 비방을 당하기 때문에 어떻게 대처해야 하는지 알 수 없고, 무분별한 비난에 고통을 받습니다. 또한 잘못된 정보를 바로잡고자 해도 인터넷 특성상 어느 범위까지 퍼졌는지 확실히 파악할 수 없기 때문에 수년이 지난 후에 다시 자료가 올라오는 경우도 허다합니다.

여러 나라들은 인터넷에서 수도 없이 발생하는 개인의 사생활 침해, 혹은 잘못된 정보, 악플 등에 관한 해결 방안을 찾기 시작했습니

다. 그중 '잊힐 권리(Right to be Forgotten)'와 관련한 논의가 활발합니다. 잊힐 권리란 인터넷에서 생성되고, 저장되고, 유통되는 개인의 사진과 정보 등에 대해 그 유통 기한을 정하거나 이를 삭제, 수정, 영구적 파기 등을 요청할 수 있는 권리를 말합니다. 잊힐 권리가 '권리'로 인정되는 데 주요한 사건이 스페인에서 일어났습니다.

스페인의 마리오 곤살레스 변호사는 과거에 진 빚 때문에 자신의 집이 경매에 내놓인 사건의 기사가 여전히 구글에서 검색되는 것을 발견했습니다. 그는 이 기사가 더 이상 검색되지 않도록 해달라는 취

지로, 구글을 상대로 소송을 했습니다. 그 결과, 2014년 유럽사법재
판소는 구글의 사생활 침해를 인정하고 검색 결과를 지우라는 판결
을 내렸습니다.

　이 판결 이후 미국, 유럽뿐만 아니라 우리나라에서도 인터넷상을
떠도는 개인 정보를 삭제해 달라는 요구가 생겨났어요. 이에 각 나라
는 관련 법령을 제정했습니다. 이른바 한 개인의 잊힐 권리를 인정하
고 법령으로 만든 것이지요. 우리나라는 〈정보통신망 이용촉진 및
정보보호 등에 관한 법률〉 제44조의2 제1항에서 정보의 삭제를 요
청할 수 있음을 규정했습니다.

정보통신망 이용촉진 및 정보보호 등에 관한 법률 제44조의2

① 정보통신망을 통해 일반에게 공개를 목적으로 제공된 정보로 사생활
침해나 명예훼손 등 타인의 권리가 침해된 경우 그 침해를 받은 자는 해당
정보를 취급한 정보통신서비스 제공자에게 침해 사실을 소명하여 그 정보
의 삭제 또는 반박내용의 게재(이하 "삭제 등"이라 한다)를 요청할 수 있다.

　위 법률에 근거하여 이제 '제3자'가 올린 게시물의 경우, 삭제해
달라는 요구가 가능해졌습니다. 그러나 여전히 사각지대가 있었어
요. 바로 자기 스스로 올린 '자기 게시물'이었습니다. 만약 자신이 해
당 사이트의 회원을 탈퇴하는 행동 등으로 게시물을 관리하는 권한
을 상실한 경우에는 이 법령에 따라서 자기 게시물을 삭제해 달라고
요청할 수 없었지요. 이와 같은 사각지대를 보호하기 위해 방송통

신위원회는 2016년 〈인터넷 자기 게시물 접근배제요청권 가이드라인〉을 발표했습니다. 이 가이드라인을 통해 자신 혹은 사자(죽은 이)가 올린 글(댓글 포함), 사진, 동영상 및 이에 준하는 기타 게시물을 본인이 직접 혹은 유족들이 해당 사이트에 삭제해 달라고 요청할 수 있게 되었습니다.

그러나 법령이나 가이드라인이 있어도, 한 개인이 어느 범위까지 원하지 않는 정보를 삭제할 수 있을지는 의문이 듭니다. 복사되어 재생산된 것까지 찾아 삭제하는 데는 상당한 시간이 걸리고 현실적으로 불가능한 부분도 있기 때문이지요. 그래서 이런 작업을 대행해 주는 업체들이 생겨난 것도 한편으로는 이해가 됩니다.

우리는 법령이나 가이드라인이 제정되는 것보다 기술의 발전이 더 빠른 시대에 살고 있습니다. 현대판 마녀재판으로 개인이 희생되지 않도록 잘못된 군중의 의견에는 합리적 의심과 비판을 하는 태도가 필요합니다. 인터넷, SNS를 이용할 때 이에 대한 원칙을 생각해 보고, 되새겨 봐야 할 것입니다.

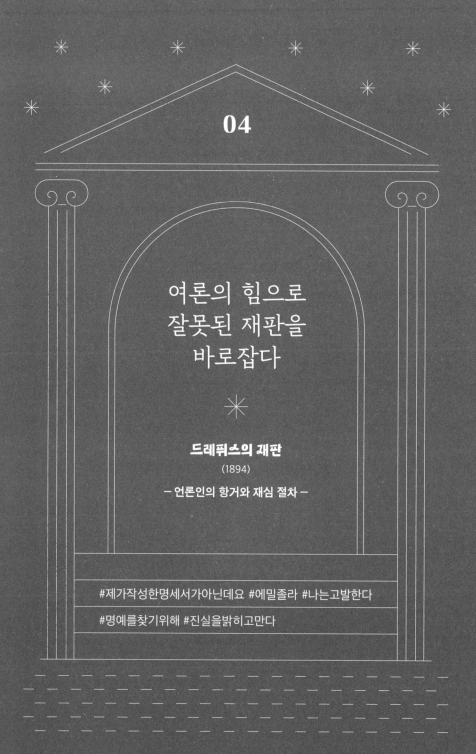

04

여론의 힘으로
잘못된 재판을
바로잡다

✳

드레퓌스의 재판
(1894)
− 언론인의 항거와 재심 절차 −

#제가작성한명세서가아닌데요 #에밀졸라 #나는고발한다

#명예를찾기위해 #진실을밝히고만다

최근 발행한 우리 학교의 교내 신문 1면 제목은 '우리 학교 급식, 이대로 괜찮은가!'입니다. 요즘 급식 상태가 점점 안 좋아지고 있다는 아이들의 의견을 적극적으로 반영한 기사였습니다.

교내 신문 기자인 저는, 어느 날 학교 이사장의 친인척이 운영하는 회사가 우리 학교에 급식을 납품하고 있다는 소문을 듣게 되었습니다. 이 말이 사실인지 아닌지는 모르지만, 조사해 본 결과 인근 다른 학교의 급식보다 우리 학교 급식의 질이 현저히 떨어지는 것은 사실이었습니다. 가끔 급식 사진을 찍어 인별그램에 올리면, 다른 학교 학생들이 '어떻게 저런 음식이?'라고 평가할 정도로 매우 안 좋은 날도 많았고요. 이미 여러 번 문제가 되었지만, 이것을 직접 학교 측에 이야기해도 별로 개선되지 않았습니다. 어디에 알리기도 쉽지 않았고요.

그러던 중 저와 뜻이 같은 몇몇 교내 신문 기자들과 함께 이 기사를 교내 신문 1면에 게재하기로 결정했습니다. 교내 신문이 발행된 날, 아이들은 모두 열광했어요. 기사의 파급 효과는 상당했습니다. 더 큰 신문사에서 교내 신문의 기사를 가져다 새로운 기사를 썼고, 인터넷에 검색어만 쳐도 이 소식이 나올 정도로 널리 알려졌습니다. 그 결과, 학교 급식 문제에 관해 우리 학교 아이들, 관계자들뿐만 아니라 많은 사람들이 관심을 갖게 되었습니다.

저와 교내 신문 기자들의 용기 있는 행동으로, 우리 학교와 비슷한 문제를 겪고 있던 다른 학교 아이들도 함께 이 문제에 관심을 가져 주었어요. 더 많은 관심들이 모이자 이에 대한 대중들의 의견, 즉 여론이 만들어졌고 이 문제를 해결할 방법을 마련하게 되었습니다.

✳ ✳ ✳

우리가 사는 세상에는 다양한 문제들이 일어납니다. 대부분의 사람들은 각자의 생활 영역에서 지내기 때문에 세상에 일어나는 다양한 문제들을 다 알 수는 없어요. 하지만 우리가 꼭 알아야만 하는 문제들도 있어요. 위 사례처럼 한 사람의 힘으로는 해결하기 어렵지만 여럿이 관심을 가지고, 의견을 모은다면 해결할 수 있는 문제들처럼 말이지요.

많은 사람들이 어떤 문제들에 관해 알게 되면, 이를 통해 잘못된 점, 부조리한 일면을 바로잡을 수 있어요. 비록 청소년 기자일지라도, 사람들의 관심을 모으기 위한 기사를 쓰고, 그것이 더 많은 사람들로 하여금 이 문제에 관심을 갖도록 만든 것처럼 말입니다.

이렇게 문제 상황, 세상에 어떤 일이 일어나고 있는지, 어떤 잘못이 자행되고 있는지를 알려 주는 것이 바로 언론입니다. 흔히 '언론의 역할이 중요하다'고 말하는데요, 바로 많은 사람들에게 문제 사실을 전달하고, 이에 대한 생각과 의견을 모을 수 있는 역할을 하기 때문입니다. 즉, 여론을 만들 수 있다는 것이지요. 여론이 만들어지면 여론을 반영한 변화도 이끌어 낼 수 있게 됩니다. 그 변화로 사회가 달라져 가는 것이지요.

진실을 밝히고자 노력해도 혼자만의 힘으로는 아무것도 할 수 없을 때, 언론을 통해 대중에게 문제를 알리고, 사람들의 생각과 의견을 모아 여론을 만들면, 잘못된 재판의 결과도 바로잡을 수 있습니다. 여기, 유죄 판결을 받은 한 군인이 어느 누구도 믿어 주지 않았던 자신의 무고함을 언론을 통해 세상에 알리고, 다시 재판을 받아 무죄를 선고받은 사건이 있습니다. 알프레드 드레퓌스(Alfred Dreyfus)가 그 주인공입니다.

사건 파일 일명, '조작된 증거로 무고한 사람이 유죄를 받다'
드레퓌스의 재판

/

1894년 9월, 한 정보원이 프랑스 파리 주재 독일 대사관에 침투해 독일 무관 슈바르츠코펜의 쓰레기통에서 찢어진 명세서를 발견했습니다. 정보원은 이 명세서를 바로 프랑스군 참모본부 정보국의 앙리 소령에게 전달했지요. 찢어진 명세서를 붙여 보니, 그 명세서에는 프랑스군의 대포 작동 방법, 지원 부대 및 포병 편제에 관한 정보, 전쟁 시 포격 편람 내용과 함께, 날짜도 서명도 없이 '무뢰한 D'라고 적혀 있었어요.

정보국 조사관들은 즉시 D라는 자가 프랑스군 참모본부의 첩자, 즉 독일 스파이라고 판단했습니다. 프랑스 장교들 중 이름에 D자

알프레드 드레퓌스

가 들어간 자를 색출하기로 결정했지요. 그리고 인사 기록철에서 이름에 D가 들어가는 '드레퓌스(Dreyfus)'를 발견했습니다. 그렇게 드레퓌스는 졸지에 스파이로 몰리게 되었어요. 단지 이름의 이니셜이 같다고 해서 스파이로 몰리다니 조금 황당하지요? 드레퓌스가 스파이로 몰리게 된 이유를 더 알기 위해서는, 당시 프랑스의 상황을 살펴볼 필요가 있습니다.

프랑스는 대내적으로 1789년부터 1794년까지 시민들이 일으킨 대혁명 이후, 왕이 통치하던 체제에서 벗어나 국민이 선출한 대표자가 통치하는 '공화정' 체제로 변하는 시기였습니다. 이에 따라 왕은 중앙을 다스리고, 토지를 소유한 귀족들은 지방을 다스렸던 '봉건제'가 폐지되었습니다. 그리고 선거를 통해 국민의 대표자를 뽑고, 헌법을 제정하는 등 귀족의 개념이 사라지고 시민이 중심인 사회로 변화했지요.

시대적 흐름에 따라 자유로운 사상을 가진 시민들이 점차 늘어났고 문학, 예술 또한 매우 번성했습니다. 다만 공화정 체제는 아직 완전하지 못해서 여전히 왕정을 지지하는 '왕당파'와 공화정을 지지하는 '공화파'가 서로 대립하고 있었습니다.

한편, 프랑스는 대외적으로 독일과 1871년부터 1945년까지 약

70년 동안 제1, 2차 세계대전을 포함해 총 세 번이나 전쟁을 치를 정도로 사이가 나빴습니다. 즉, 드레퓌스 사건이 일어났던 당시의 프랑스 상황은 내부적으로 왕당파와 공화파가 서로 대립하고, 외부적으로 프랑스와 독일이 긴 전쟁을 치르고 있어, 안과 밖으로 매우 혼란스러운 시기였습니다.

반유대주의자인 정보국장 상데르 대령은 유대인이면서 독일어를 할 수 있는 드레퓌스를 아무런 증거도 없이 스파이라고 판단했어요. 상데르 대령은 드레퓌스가 작성한 서류철을 가져다가 명세서 옆에 나란히 놓았고, 정보국 조사관들은 아무런 의심 없이 '드레퓌스가 작성한 문서와 명세서의 필적이 동일하다'고 판단했습니다.

다만 한 가지 문제가 걸렸는데, 그것은 명세서에 '나는 이제 곧 작전을 수행하러 떠난다'고 적힌 문구였습니다. 명세서를 작성한 사람이 드레퓌스라면, 드레퓌스는 명세서의 내용에 따라 곧 작전을 수행하러 떠났어야 합니다. 하지만 드레퓌스는 그해에 작전에 참가하지도 않은 채 줄곧 파리에만 있었기 때문이지요. 이렇게 주요한 증거가 일치하지 않음에도 불구하고 조사관들은 이 명세서는 드레퓌스가 작성한 것이라고 확정지어 버립니다.

같은 해 10월 드레퓌스는 참모 총장실에서 면담하라는 명령서를 받고, 그곳에서 정보국 뒤파티 소령을 만났어요. 뒤파티 소령은 드레퓌스에게 자신이 손가락을 다쳐서 펜을 쥐기 어려우니 참모총장에게 보낼 편지를 대신 작성해 달라고 부탁하며 명세서의 내용을 그대로 불러 주었습니다. 뒤파티 소령과 한 방에서, 그것도 취조하듯

이 대화하다가 명세서의 내용을 그대로 적으라고 요구하니, 드레퓌스는 당연히 글을 쓰면서 떨 수밖에 없었을 것입니다. 뒤파티는 그런 드레퓌스를 '반역자가 아니라면 글을 쓰면서 벌벌 떨 이유가 없다'는 이유로 반역 혐의로 체포했어요.

같은 해 12월, 파리 근교의 한 궁전 건물에서 드레퓌스에 대한 군사 재판이 시작되었습니다. 재판부는 장교 7명으로 구성되었고, 그중 모렐 대령이 재판장이었습니다. 드레퓌스의 변호인으로는 드망즈 변호사가 출석했어요. 당시 일간지들은 드레퓌스 사건을 두고 '이미 증거가 충분히 있는 독일의 스파이'라는 내용의 자극적인 기사들을 앞다투어 보도했습니다.

드망즈 변호사는 유죄의 증거로는 명세서 하나뿐이고, 이것만으로 드레퓌스에게 유죄를 판결하기는 어렵다는 것을 세간에 알려야 한다고 판단했어요. 드망즈 변호사는 이 사건을 알리기 위해 재판을 공개해 줄 것을 요청했으나 재판부는 비공개 재판으로 진행했습니다.

드레퓌스는 재판에서 진술할 차례가 되자 차분한 태도로 진술을 시작했어요. 드레퓌스는 '좋은 대학에 들어갈 수 있는 기회를 거부하고 군대를 택했고, 이제 겨우 군인으로서 성공의 길을 걷기 시작한 데다가 행복한 가정을 꾸리고 있는데 왜 반역 행위를 했겠느냐'며 재판부에 반문했습니다.

하지만 재판은 드레퓌스에게 불리하게 흘러갔어요. 필적 전문가 베르티옹은 필적 감정 결과로 '드레퓌스가 이 명세서를 썼다'는 내용을 제출했습니다. 드레퓌스의 동료 장교들은 '오래전부터 드레퓌스가 스파이인 것 같아 의심해 왔다'고 진술했고요.

재판부가 심리를 종결하고 퇴정하려는 순간, 뒤파티는 재판부에 국방부 장관으로부터 받았다는 봉인된 편지 봉투를 전달했습니다. 그 봉투 속에는 또 다른 작은 봉투가 들어 있었는데, 작은 봉투의 앞면에는 '재판을 심리하는 동안 작은 봉투 안의 내용을 재판관들에게 보여 주고, 다시 봉인해서 그 봉투를 전한 장교에게 되돌려 줄 것'이라는 메모가 붙어 있었어요.

재판관들은 작은 봉투를 열고 국방부 장관이 보낸 편지를 확인했습니다. 그 내용은 다음과 같았습니다.

> < 독일 대사관의 무관 슈바르츠코펜과 이탈리아 대사관의 무관 사이에 주고받은 편지에도 'D'라는 이니셜의 프랑스 장교가 등장한다. 위에 등장한 프랑스 장교 또한 드레퓌스다. >

또 다른 스파이 편지를 쓴 자의 이름이 드레퓌스라니! 재판부는 이제 더 이상 드레퓌스의 유죄를 의심하지 않게 되었습니다. 1시간 후 재판부는 다시 개정을 선언했고, 드레퓌스는 판사가 판결을 내리기 전 마지막 변론으로 "나는 무죄입니다."라는 한마디만 말했습니다. 재판부는 '피고인에 대한 반역죄를 인정하고, 군에서 불명예 제대시키며, 프랑스에서 추방, 종신 유배형에 처한다'는 판결을 내렸어요. 드레퓌스는 1심의 판결에 불복하여 두 번째 재판을 요구하는 항소를 제기했으나, 그의 항소는 거부되었습니다.

불명예 퇴역식을 치르는 드레퓌스

　1895년 1월 드레퓌스는 파리의 샹드마르스 사관학교에서 불명예 퇴역식을 치르고, 같은 해 2월 프랑스령 기아나의 적도 해안에 있는 '악마섬'으로 유배되었어요. 단지 명세서 속 이니셜이 자기 이름의 이니셜과 같다는 증거 하나로 유죄를 받은 드레퓌스. 결백하다는 그의 말을 믿어 주는 사람도, 들으려 하는 사람도 없었습니다.

'나는 고발한다'
언론의 힘을 보여 준 에밀 졸라의 신문 기고

/

드레퓌스의 가족들은 드레퓌스의 무죄를 호소하며 재심을 요구했습니다. 그러나 프랑스 내에서 드레퓌스는 반역죄를 저지른 독일 스파이로 낙인찍힌 상태였기에 재심은 전혀 고려되지 않았지요.

드레퓌스 사건이 새로운 국면을 맞이한 것은 1896년 3월, 정보국장인 피카르 중령이 '푸른 엽서'를 입수하면서부터였어요. 푸른 엽서에는 독일 무관 슈바르츠코펜이 프랑스 보병대 소령 에스테라지에게 비밀 정보를 요구하는 내용이 적혀 있었어요.

피카르는 에스테라지의 필적이 명세서의 필적과 동일하다는 사실을 발견했습니다. 피카르는 에스테라지가 명세서의 진범이라는 사실을 알리고, 진상 규명을 요청했으나 그 요구는 무시되었어요. 오히려 피카르는 정보국에서 물러나 프랑스령 아프리카의 튀니지로 전출되어 버립니다.

피카르는 튀니지에서도 진실을 알리고자 '명세서의 실제 작성자는 에스테라지이고, 드레퓌스는 억울한 죄명으로 유배되었다'는 사실을 담은 서신을 여러 언론사들에게 보냈어요. 그리고 언론이 그 내용을 세상에 알리면서 드레퓌스의 재심 운동이 시작되었습니다.

드레퓌스 사건이 다시 주목받고, 에스테라지에 대한 재판이 시작되자, 참모 본부는 필적 전문가에게 명세서의 필적이 에스테라지와 일치하는지 감정을 요청했습니다. 필적 전문가는 이미 참모 본부에게 압력을 받은 상태였어요. 그래서 에스테라지와 명세서가 동일한 필적이 아니라고 판단했습니다. 결국 1898년 1월, 군사 법원은 피고인 에스테라지에게 무죄를 선고했습니다.

이후 프랑스의 국민들과 신문, 잡지들은 '드레퓌스파'와 '반드레퓌스파'로 나뉘어 누가 진짜 간첩인지를 두고 첨예하게 대립했습니다. 드레퓌스 사건은 당시 정치와도 연관되었습니다. 왕당파는 드레퓌스를 모함했고, 공화파는 드레퓌스를 위해 싸웠어요. 공화파의 지식인과 법률가, 정치인, 사회주의자, 노동자들은 드레퓌스의 진실을 밝히는 주장을 펼쳤습니다.

특히 드레퓌스 사건에 대해 여러 지식인들이 글을 기고했는데, 그중 소설가 에밀 졸라(Emile Zola)가 1898년 1월 13일자 신문『로로르(L'Aurore, '여명'이라는 의미)』1면에 기고한 편지로 인하여 드레퓌스 사건은 새로운 국면을 맞이합니다.

에밀 졸라의 「나는 고발한다」

에밀 졸라는 펠릭스 포르 대통령에게 「나는 고발한다(J'Accuse)」라는 제목의 공개편지를 보내는 형식으로 기고했어요. 이 편지에서 졸라는 뒤파티 중령, 비오 장군, 국방성, 군사 법원을 각각 고발하면서 진실이 앞으로 나아가고 있고, 아무것도 그 발걸음을 멈추게 하지 못할 것이라고 주장했습니다. 에밀 졸라는 이

기사를 통해 더 많은 프랑스 시민들이 드레퓌스가 결백하다는 주장을 지지할 수 있도록 문장 하나하나에 힘을 실어 기사를 작성했어요.

사실 19세기 프랑스는 공화정 체제로 변화하면서 기존 사회의 문제를 꼬집거나 비판하는 신문이나 잡지가 폭발적으로 유행한 시기였습니다. 소설가인 졸라가 드레퓌스파를 대변하는 정치적인 기사를 신문에 게재하는 것만 보더라도 당시 분위기가 어땠는지를 가늠해 볼 수 있지요. 일반적으로 신문 기사는 사실을 정확하게 정리해 정보를 전달하는 보도 방식을 취하는데, 19세기 프랑스 신문에는 글을 쓰는 자가 어떤 사건을 해석하는, 즉 자신의 생각이나 의견이 담긴 기사들이 많았어요. 이 시기의 프랑스 신문들은 반드시 유명인이 아니더라도 각자의 정치적 이념을 자유롭게 주장할 수 있는 장소였습니다. 글을 쓰는 자들의 생각을 중시했기 때문에 독창적인 시각의 논조를 담을 수 있었으나, 자칫 시민들을 선동하는 자극적인 글이 실리기도 했습니다. 대표적인 예로 유대인들에 대한 증오를 나타내는 반유대주의적인 글들이 게재되는 일도 있었지요.

이러한 이유로 프랑스 신문들은 19세기 프랑스 문학인들과 서로 긴밀한 영향을 주고받았습니다. 당시 문학인들에게 신문은 자신의 사상을 적극적으로 전파할 수 있는 가장 중요한 도구였어요. 졸라와 같은 문학인들의 글이 폭넓게 신문에 실리면서 신문의 성격은 시사적인 내용을 보도하는 언론의 영역과 문학의 영역이 뚜렷이 구분되지 않았어요.

졸라가 소설가임에도 '나는 고발한다'와 같은 글을 기고할 수 있었던 것은 당시 프랑스의 신문이 '정치성'과 '문학성'이라는 두 가지 특성을 함께 지녔기 때문에 가능했어요. 소설가인 졸라는 글을 기고하는 행위로 드레퓌스와 관련한 참모 본부, 군사 법원에 대해 과격한 항거를 시작한 것이지요.

졸라의 글이 신문에 실리고 나서 드레퓌스파는 그 수가 점차 늘어났어요. 드레퓌스에 대한 재심 운동도 더욱 활발하게 진행되었지요. 군부와 내각은 졸라의 공개 편지글 중 군사 법원을 고발한 부분만을 꼬집어 내서 허위 사실로 군사 법원의 명예를 훼손했다는 이유로 졸라를 고소했습니다.

그런데 왜 군사 법원의 '명예' 부분만을 꼬집어 냈을까요? 만약 졸라가 쓴 글 전체가 다 허위라고 주장하며 중상모략죄로 고소하면 진실이 무엇인지, 즉 드레퓌스와 에스테라지 중 누가 진짜 스파이인지를 다시 밝혀야만 했기 때문입니다. 군부와 내각은 이 사건을 조용히 덮기 위해 군사 법원의 명예에 관한 부분만 고소한 것이지요.

1898년 7월 18일 졸라에 대한 형사 재판의 판결이 내려졌습니다. 재판부는 8대 4로 졸라에게 징역 1년과 벌금 3천 프랑의 형을 선고했습니다.

재심, 잘못된 재판은 바로잡아야 하므로

/

비록 졸라는 유죄 판결을 받았지만, 드레퓌스가 재심을 받아야 한다는 드레퓌스파의 수는 점차 늘어났습니다. 드레퓌스파와 반드레퓌스파 간의 대립은 점차 커졌고, 프랑스 사회가 점점 더 분열되는 동안 새로운 국방부 장관 카베냐크가 임명되었습니다. 카베냐크는 임명되자마자 드레퓌스 사건을 재조사하도록 지시했어요.

재조사 결과, 유대인에 대한 반감, 독일과의 오랜 전쟁으로 인한 대치 상태 등의 이유로 무조건 드레퓌스를 범인으로 몰아 유죄 판결을 받도록 여러 증거들이 조작된 사실이 밝혀졌습니다. 또한, 이런 허위의 문서를 작성한 자가 처음 정보원에게서 명세서를 건네받은 프랑스군 참모본부 정보국의 앙리라는 사실 또한 밝혀졌고요.

이후 앙리는 구속되었으나, 1898년 8월 진실이 드러날까 두려웠던 앙리는 면도칼로 목을 찔러 자살을 해버립니다. 의문의 자살 사건으로 이제 드레퓌스가 독일 스파이라고 믿었던 반드레퓌스파 시민들도 무엇이 진실인지 슬슬 의문을 품기 시작했어요.

드레퓌스의 재심을 요구하는 사람들의 수는 더 늘어났고, 드레퓌스의 재심을 요구하는 탄원서가 파리 고등 법원에 제출되었습니다. 1898년 9월 드레퓌스 부인의 재심 요청이 받아들여지면서 파리 고등 법원은 재심 사건을 받아들일지 여부를 고심합니다. 당시 파리의 신문들은 일제히 참모본부를 비난했고, 여론 또한 재심을 받아들일 수밖에 없는 분위기였습니다.

파리 고등 법원은 1899년 6월 무죄한 D는 드레퓌스가 아니고, 명세서 역시 드레퓌스가 쓴 것이 아니라고 판단했고, 1894년 12월의 재판이 무효임을 선언, 재심을 명령했습니다. 1899년 8월 프랑스의

렌 지방에서 재심 군사 법원이 열렸어요. 그간 억울함으로 마음고생을 심하게 해서였는지 백발이 된 드레퓌스가 법정에 섰지요.

재심은 최초 재판과 마찬가지로 국가 안보 목적으로 비공개로 진행되었어요. 재심을 받게 되자 드레퓌스를 응원했던 사람들과 드레퓌스는 당연히 무죄가 나올 거라고 예측했을 것입니다. 그러나 재판의 결과는 드레퓌스가 생각한 것과는 정반대였습니다. 군사 법원은 증인으로 출석한 참모본부의 상관들이 제출한 날조된 증거 등을 채택하여 5대 2로 다시 유죄 판결을 내렸습니다. 다만, 2명의 반대 의견이 있어서였을까요. 정상을 참작해 징역 10년형으로 감형되었습니다.

무죄가 아닌, 감형 판결이라니! 참모본부에 대한 비난 여론이 쇄도했고, 프랑스 대사관 앞에는 항의 군중들이 몰려들었습니다. 나아가 다음 해인 1900년에 개최 예정이었던 파리 국제 만국 박람회를 반대하자는 결의까지 이루어졌습니다. 그러자 위기에 몰린 대통령은 1899년 9월 드레퓌스를 특별 사면시켰습니다. 드레퓌스는 다시 가족의 품으로 돌아갈 수 있게 되었으나, 제대로 된 진실이 밝혀지지 않은 채 사건이 종결되어 버려 드레퓌스를 지지했던 많은 시민들은 실망했습니다.

1904년 3월 드레퓌스는 다시 재심을 청구했습니다. 1899년 재심에서 드레퓌스가 다시 유죄 판결을 받은 이후, 더욱 나빠진 여론 때문이었을까요? 국방부는 드레퓌스 사건과 관련해 자체 조사를 진행했습니다. 그 결과 앙리 외에도 여러 장교가 허위 문서를 작성했다는 사실을 밝혀냅니다. 2년여의 재판 끝에 1906년 7월, 마침내 드레퓌스는 '드레퓌스에게 내려진 모든 유죄 판결은 무효다'라는 판결을 받게 됩니다. 동시에 이 판결 내용을 파리와 렌 도시에 게시하고, 신문에 공고하도록 했습니다.

정부는 드레퓌스를 소령으로 복직시키고, 프랑스 최고 훈장 '레지옹 도뇌르(Légion d'Honneur)'를 수여하기로 결정했어요. 드레퓌스는 소령으로 복직하는 것보다 은퇴하는 것을 선택했습니다. 1906년 7월 불명예 퇴역식이 열렸던 사관학교 연병장에서 드레퓌스에 대한 훈장 수여식이 열렸습니다. 12년 만에 드레퓌스의 무죄가 밝혀진 것입니다.

우리나라에서는 어떻게 재심 절차가 진행될까?

/

드레퓌스는 자신의 명예를 찾기 위해 재심 절차를 밟아 나갔고, 자신의 무죄를 밝힐 수 있었습니다. 재심(再審)은 한자를 그대로 해석하면, '다시 심사한다'는 의미입니다. 이미 확정된 판결에 대해 중대한 흠이 있음을 주장하면서 그 판결을 취소하는 절차를 말해요.

일반적으로 어떤 판결이 확정되면 '기판력(既判力)'이 생깁니다. 기판력이란, 확정된 판결을 한 번 받은 사람은 동일한 사항으로 다시 재판을 신청할 수 없고, 법원 또한 그 판결과 다른 판단을 할 수 없도록 확정된 판결에 부여하는 '힘'입니다. 즉, 한 번 어떤 사건으로 판결을 받고 그 판결이 확정되면, 똑같은 사건으로 다시 법원의 판단을 받을 수 없도록 한 것이지요.

한 가지 예를 들어 볼게요. A가 B한테 100만 원을 빌려주었습니다. B가 A한테 돈을 갚지 않자, A는 B를 상대로 민사 소송을 제기했습니다. 재판에서 B는 A한테 100만 원을 갚았다고 항변했고, A는 받지 못했다고 주장했어요. 판사는 B가 A한테 돈을 갚았다는 점을 인정할 증거가 부족하다고 하여 A에게 100만 원을 지급하라는 판결을 내립니다. 패소한 B는 항소하지 않았고 판결은 그대로 확정되었습니다. 판결이 확정되었으나 B는 A에게 계속 돈을 갚지 않았습니다. A는 다시 B를 상대로 100만 원을 갚으라는 똑같은 내용의 소송을 제기했습니다. 판사는 기존에 확정된 판결이 있기 때문에 다시 판결을 할 수 없고, 기판력에 저촉된다고 판단하여 소각하 판결(원고의 청구에 대해 판단을 하지 않겠다는 결론)을 내리게 됩니다.

사실, 이런 경우 다시 소송을 제기할 필요는 없어요. 확정된 판결이 있으면 집행 절차를 통해 B의 재산(부동산, 자동차, 은행 계좌의 돈 등)을 압류(특정 재산을 처분하지 못하도록 제한시킴)하고 추심(이 압류로 묶인 재산을 받아 감)해서 100만 원을 받아 낼 수 있으니까요.

간혹 시간이 지나고 나서 생각해 보니, 이전 판결이 잘못되었다는 생각이 들어 같은 내용의 소송을 다시 제기하는 경우들이 있는데, 이러한 경우가 바로 기판력에 저촉되는 사례라고 할 수 있지요.

기판력은 '법적 안정성'을 위해 만든 개념입니다. 만약 같은 사건을 두고 법원마다 다른 판단을 한다고 상상해 볼까요? 아마 재판을 받는 당사자들은 어떠한 판결이 정의에 가까운 것인지 의심하게 될 거예요. 그리고 자신에게 유리한 판결을 받기 위해 여러 번 같은 사건의 소송을 남발하게 될 것입니다.

어찌 보면, 재심 절차는 기판력을 거스르는 제도라고 할 수 있습니다. 재심이 어떤 상황에나 가능하다면 법적 안정성에 치명적인 해를 입힐 수도 있으니까요. 그래서 민사 소송법, 형사 소송법에는 재심이 가능한 경우를 예외로 한정해 두었습니다.

민사 소송법 제451조 제1항에는 재심을 청구할 수 있는 11개의 사유가 규정되어 있어요. 그 내용은 주로 법원, 법관, 당사자의 대리권에 문제가 있을 때, 증거가 된 문서나 증인 등이 위조되거나 거짓일 때, 판결의 기초가 된 다른 판결의 결과가 바뀌었을 때, 판결에 영향을 미칠 중요한 사항에 관해 판단을 누락한 때 등이 있어요. 이러한 사유에 해당해도 재심을 청구할 수 있는 기간이 정해져 있습니다. 재심은 당사자가 재심 사유를 안 날로부터 '30일 이내'에 제기해야 하고, 만약 판결이 확정된 뒤 '5년'이 지나면 재심 청구를 할 수 없습니다.

한편, 형사 소송법 제420조에는 재심을 청구할 수 있는 7개의 사유가 규정되어 있어요. 증거물과 증언 등이 위조나 변조되었거나 허위인 경우, 원판결의 증거가 된 재판이 다른 재판에서 변경되고 그 재판이 확정된 경우, 명백한 증거를 새로 발견한 경우, 그 사건의 수사에 관여한 검사나 사법 경찰관이 그 직무에 관한 죄를 범한 것이 확정 판결로 증명된 때 등이 있습니다.

형사 소송법에서 재심은 유죄 판결을 받은 자가 자신의 '무죄'를 입증할 수 있는 명백한 증거가 새로 발견되었을 때 재판을 청구하는 절차여서 민사와 달리, 형사 재심 절차는 청구할 수 있는 기간이 따로 정해져 있지 않습니다. 이러한 이유로 재심 사유가 있는 자는 이미 감옥에서 수감 생활을 마쳤더라도 재심을 요구할 수 있어요. 드레퓌스와 같이 억울한 누명을 썼거나, 범죄자의 불명예스러운 이력을 없애기 위해서는 꼭 필요한 절차이기 때문입니다.

이미 확정된 판결을 재심 절차를 통해 다시 뒤집는다는 것은 쉬운 일이 아닙니다. 보통은 어려운 일, 다소 불가능한 일로 봅니다. 이전의 판결을 받기 전에 심리 과정에서 제대로 된, 명백한 증거를 제출하지 못했다는 사실을 입증해야만 이미 확정된 판결과 다른 판결을 받을 수 있기 때문이지요. 드레퓌스가 아주 오랜 시간 동안 싸우며 이전 유죄 판결의 증거가 날조된 것임을 밝히고 무죄를 받은 것처럼 말입니다.

진실을 밝혀내기 위해 한 명의 개인만 고군분투한다면 재심에서 무죄를 받는 개인은 아마 없을 것입니다. 이것을 사람들에게 알리는 언론, 생각과 의견을 함께하는 여론이 있어야 개인의 목소리는 비로소 힘을 얻게 되지요. 재심을 통해 잘못된 재판을 바로잡는 것만으로도 법률을 발전시킬 수 있습니다. 또한 정의로운 사회에 한 발 가까워질 수 있을 것입니다.

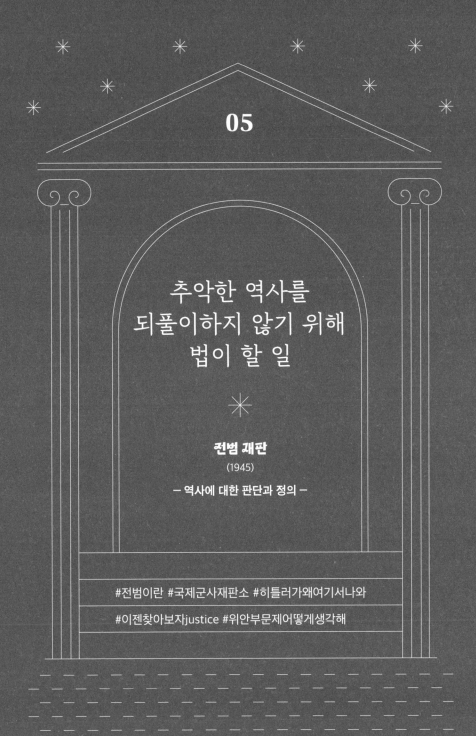

05

추악한 역사를
되풀이하지 않기 위해
법이 할 일

✳

전범 재판
(1945)

─ 역사에 대한 판단과 정의 ─

#전범이란 #국제군사재판소 #히틀러가왜여기서나와

#이젠찾아보자justice #위안부문제어떻게생각해

전범기 무늬가 있는 티셔츠를 입은 연예인 B의 사진 한 장이 SNS에 올라왔어요. 해외 유명 패션 디자이너의 핫 아이템이라고 합니다. B가 워낙 인기가 많아 사진이 올라오면 댓글과 '좋아요'가 무척 많이 달리는데, 이번에는 영 신통치 않아요. 아, 댓글이 조금 달리기는 했어요. '제정신인가?', '역사 공부 안 한 티 난다', '책 좀 읽어라', '조상님 볼 낯이 없음' 같은 악플이 대다수였지요. 아니, 이 티셔츠에 새겨진 무늬가 뭐 그리 대단한 것이라고 사람들이 이런 댓글들을 쓰는 것일까요? B의 오랜 팬인 저는 무턱대고 B를 욕하는 사람들의 댓글에 다시 댓글을 달며 열심히 항변을 했어요. '한 명의 팬으로서 말합니다. 역사와 패션이 무슨 상관이죠?'라고요.

하지만 며칠이 지나도 댓글이 잠잠해질 기미를 안 보였어요. 게다가 이번 사진의 파급 효과가 꽤 큰 것인지, B는 언론사를 통해 사과문까지 올렸습니다. '역사에 대한 이해가 짧았습니다. 이런 실수를 해서 팬 여러분께 실망을 안겨 죄송합니다.' 이런 내용이었지요.

B는 그냥 유명 디자이너의 옷을 입은 것뿐인데 사과문까지 올리게 되니 저도 이 문제에 대해 다시 생각하게 되더라고요. 댓글에는 역사는 이미 지나간 것이고, 그에 대해 벌을 내리거나 반성을 하는 등 이미 오래 전에 일단락된 일인데 지금까지 이렇게 민감하게 반응하는 건 너무 과거에 얽매인 사고방식 같다는 말도 있어서 혼란스러웠습니다.

　시간은 언제나 다음으로 흘러가기에 과거는 지나간 것일 수밖에 없습니다. 그러나 우리가 지나간 것이라는 명목으로 과거의 일을 잘 정리하지 않고 흘러간 대로 내버려 둔다면 현재 또한 그 영향을 받게 됩니다. 그 과거가 다시는 해서는 안 될 엄청난 잘못을 담고 있다면 더더욱 잘 정리하고 이에 대해 반성해야 하지요. 그래야 다시는 그런 과거를 되풀이하지 않도록 노력하고 현재를, 미래를 잘 살아갈 수 있을 테니까요.

　인류의 역사가 퇴보되지 않도록 하기 위해 우리는 과거의 잘못을 반성하고 적절한 조치를 취해야 합니다. 그러한 과정이 없다면 인류는 똑같은 잘못을 저지르는 우를 범하기 쉬울 것입니다. 여기에는 과거의 전쟁들이 대표적인 예가 될 수 있습니다.

　어떠한 명분으로 일어난 전쟁일지라도, 전쟁은 그 자체로 참혹하고 추악함을 지닙니다. 인간성을 상실하고, 사회를 뒷받침하고 우리가 믿었던 가치 체계를 무너뜨립니다. 전시(戰時)에는 무고한 사람들이 죽고, 일상이 사라지며, 사람들은 존엄을 잃게 됩니다. 이와 같은 점들 때문에 전쟁은 절대 되풀이되어서는 안 되는 인류의 역사상 가장 큰 잘못입니다. 이런 전쟁을 단지 지나간 일이고 오래전에 일단락이 된 일이라고 여긴다면 무엇이 잘못이었는지를 잊고, 같은 잘못을 되풀이할 수 있을 것입니다.

　인류 역사상 가장 참혹한 전쟁으로 기록된 제2차 세계대전의 경우, 전쟁의 책임을 묻고, 잘못을 되풀이하지 않기 위해 전쟁 범죄에 대한 재판을 진행했어요. 제2차 세계대전은 1939년부터 1945년까지 독일, 일본, 이탈리아 등의 '추축국'과 미국, 영국, 소련, 프랑스 등의 '연합국'이 치른 전쟁을 말합니다.

전범기는 제2차 세계대전 당시 독일, 일본 등 추축국들의 군대가 사용했던 상징 깃발로서 전범(戰犯)이란, '전쟁의 범죄자'라는 뜻입니다. 과거 추축국들의 식민 통치나 침략, 학살 등으로 많은 피해를 입은 국가들은 시간이 꽤 흘렀음에도 전범기의 사용을 금지하고 있어요. 그만큼 전쟁으로 참혹한 피해를 받았기 때문이지요.

전쟁에서 잘못한 전범들을 재판에 세워 전범들이 어떠한 잘못을 했는지 낱낱이 밝혀내고 처벌을 내렸어도 전쟁의 피해자들이 받은 상처는 쉽게 치유되지 않을 것입니다. 현재의 우리는 과거의 잘못을 조금이라도 반성하기 위해 전범자들을 찾아내어 재판을 하고 그에 맞는 벌을 받도록 해야 합니다. 자, 그럼 제2차 세계대전이 끝난 후에 법의 심판대에 서게 된 전범들을 만나 보겠습니다. 참혹했던 역사를 재판하는 그 현장으로 가보시죠.

사건 파일 일명, 전쟁이라는 역사적 범죄를 일으킨 죄
전범 재판
/

1945년 11월, 독일 뉘른베르크 국제 군사재판소는 나치 독일의 전범 24명에 대한 재판을 시작했습니다. 제2차 세계대전이 끝난 1945년 8월 15일로부터 약 3개월이 지난 때였습니다. 미국은 1945년 8월 6일 일본 히로시마에 원자 폭탄을 떨어뜨렸고, 우리나라의 광복절인 1945년 8월 15일에 일본이 항복하면서 제2차 세계대전은 끝이 납니다. 그 결과, 우리나라를 포함해 식민지였던 여러 국가들이 독립하게 되었지요.

전쟁은 끝났지만 제2차 세계대전이 전 세계에 남긴 피해는 심각했습니다. 그중에서도 나치 독일이 유대인들에게 벌인 학살은 역사적으로 기록되는 반인륜적인 행위였어요. 연합국은 지나간 역사를 다시 복기해 재판을 하는 것이 쉽지 않다는 것을 알았지만, 후대의 인류에게 반드시 필요하다는 판단으로, 나치 독일이 자행한 역사를 심판하기로 결정합니다.

연합국은 제2차 세계대전이 끝나기 전에 국제연합 전쟁범죄위원회(United Nations War Crimes Commission, UNWCC)를 설립했습니다. 미국, 영국, 소련, 프랑스 임시 정부는 영국 런던에서 군사 재판에 관하여 협의를 진행하였고, 1945년 8월 8일 런던 헌장(London Charter, '런던 협정'이라고도 함)을 체결했습니다.

런던 헌장에 따라 미국, 영국, 소련, 프랑스는 나치 독일의 핵심 범죄자들에 대해 국제 군사 재판을 열기로 합의했습니다. 독일 뉘른베르크에 국제 군사재판소를 설치했고, 이곳에서 나치 독일의 전범 24명에 대한 재판을 시작했습니다.

1차 재판은 1946년 10월까지 거의 1년 동안 진행되었어요. 유대

판사석에서 바라본 뉘른베르크 국제 군사재판소의 모습

인을 무차별하게 학살한 나치의 군사적, 정치적, 경제적 지도자들이 대상이었습니다. 외무장관 요아힘 폰 리벤트로프, 제국 원수 헤르만 괴링 등을 포함해 장관, 사령관급 전범 24명이 기소되었습니다. 죄목은 침략 범죄, 침략 음모죄, 전쟁 범죄, 인도에 반하는 죄였습니다.

재판에서 독일 측 변호인은 '승자'가 저지른 전쟁 범죄, 즉 전쟁으로 민간인을 학살하는 사건이 있었음에도 처벌하지 않고 '패자'의 범죄만 처벌하는 것에 관해 문제를 제기했어요. 과거의 역사를 재판하는 것이라면, 승패와 상관없이 잘못한 죄를 모두 처벌해야 한다고 주장했지요.

실제로 영국도 독일 드레스덴을 무차별 폭격해 무고한 민간인을 살상한 적이 있습니다. 미국 또한 일본 히로시마에 원자 폭탄을 떨어

뜨려 엄청난 사상자를 냈고요. 소련은 발트해 연안 국가들과 폴란드 일부를 점령하기도 했습니다. 이 행위들 모두 전쟁 범죄나 침략 행위로 볼 수 있다는 것이 독일 측 변호인이 펼친 논리였습니다. 변호인은 연합군이 뉘른베르크 재판에서 피고인이 아닌 심판자의 입장이기 때문에 재판을 받지 않는 것뿐이니 불공평하다고 주장했지요.

위와 같은 독일 측 변호인의 주장에도 불구하고 전범 재판은 그대로 진행되었습니다. 전범 재판의 목적이 오롯이 추축국의 주요 전범들을 처벌하기 위한 것이었기 때문에 독일 측 변호인의 주장은 당연히 받아들여지지 않았지요. 1차 재판에서 기소된 전범 24명 가운데 12명이 사형 선고를 받았고, 뉘른베르크 교도소에서 교수형으로 처형되었습니다.

2차 재판은 나치 독일의 전쟁 범죄인 유대인 학살에 관한 좀 더 광범위한 재판이었습니다. 1차 재판이 전쟁의 지도자들에 대한 것이었다면 2차 재판은 의사, 관료, 법률가같이 지도자는 아니었으나 유대인 학살에 관여한 185명이 대상이었지요. 재판 결과, 피고인 25명에게 사형, 20명에게 무기징역이 선고되었어요.

이쯤에서 의문이 듭니다. 나치는 도대체 어떠한 범죄를 저질렀기에 지나간 역사 기록까지 일일이 소환하여 재판을 진행하게 된 것일까요?

'인종 청소'라는 만행, 나치 독일의 홀로코스트

/

역사에 관심이 없는 사람이라 할지라도 '히틀러'를 모르는 사람은 없을 것입니다. 홀로코스트(Holocaust)는 제2차 세계대전 중 아돌프 히틀러(Adolf Hitler)가 이끈 나치당이 독일 제국과 독일군 점령지에서 유대인을 학살한 사건을 말합니다. 1945년 1월, 폴란드 아우슈비츠 유대인 포로수용소에서 유대인들이 해방될 때까지, 약 600만 명에 이르는 유대인이 '인종 청소'라는 명목으로 나치에게 학살당했습니다. 이 끔찍한 만행이 벌어진 아우슈비츠 수용소는 독일이 세운 수많은 절멸 수용소 중 가장 규모가 큰 데다가, 증거가 되는 구조물이 상당 부분 남아 있어서 유네스코 세계 유산에 등재되었어요. 절멸 수용소란 노동 수용소, 강제 수용소와 달리 오로지 유대인을 절멸하기 위한 목적으로 세워진 곳을 의미합니다.

홀로코스트에서는 유대인을 절멸하기 위해 가스로 살해한 후 시신을 불태우고, 그 재를 땅에 묻거나 강물에 떠내려가게 했습니다. 당시 끔찍했던 상황은 아우슈비츠 현장과 비디오, 사진 등을 통해 짐작해 볼 수 있습니다. 아우슈비츠로 옮겨진 유대인들은 가장 처음에 남자와 여자, 어린이와 노인들로 분류되었습니다. 그 후 성인 남녀 중 노동이 가능한 자, 불가능한 자로 나누었지요. 노동이 불가능한 집단이 된 어린이, 노인, 임산부, 질병이나 장애를 가진 자들은 즉시 가스실로 보내져 살해되었어요.

홀로코스트는 제2차 세계대전에서 독일이 패전해 아우슈비츠를

1944년 5월 아우슈비츠 수용소에 도착한 헝가리 유대인들의 모습

포함한 절멸 수용소가 폐쇄되면서 끝이 났습니다. 아우슈비츠에서 희생된 유대인의 수는 정확히 집계하기 어려웠습니다. 제2차 세계대전에서 나온 총 600만 명에 이르는 유대인 사망자 가운데 아우슈비츠 수용소에서 죽은 희생자는 약 310만 내지 350만 정도일 것이라고 추측할 뿐이지요.

인간으로서 저지를 수 없는 이러한 만행을 아무런 법적 판단 없이 둔다는 것은 나치 독일로 인한 비극적인 역사를 간직한 채 살아야 하는 사람들에게 잔혹한 현실이 될 것입니다. 위와 같은 이유로 이 전쟁의 전범들에 대한 재판이 시작된 것입니다.

중대한 역사적 상황에서
법은 어떻게 정의를 심판해야 할까?

/

앞서 제2차 세계대전이 끝나기 전에 미국, 영국, 소련 등이 런던에서 협의하고, 런던 헌장을 체결했다는 이야기를 했지요? 사실 위 나라들이 런던에서 협의를 진행한 이유는 전범 재판에 있는 여러 법적 문제들을 해결하기 위해서였습니다. 이 협의에서는 '죄형법정주의' 중에서 '소급적용 금지원칙'이 가장 주요한 쟁점으로 논의되었어요.

죄형법정주의란, 범죄와 형벌은 '행위 시'의 법률에 의해 결정되어야 한다는 원칙을 말합니다. 행위할 때의 법률로 범죄와 형벌이 결정되어야 하므로 과거에 한 행위까지 거슬러 올라가(소급하여) 법을 적용해서는 안 된다는 의미입니다. 우리나라의 경우 형법 제1조에도, 헌법 제13조 제1항에도 규정되어 있는데, 그 정도로 중요한 원칙 중 하나입니다.

이해를 돕기 위해 한 예를 들어 보겠습니다. A국가의 형법에는 절도죄가 규정되어 있지 않습니다. 그래서 2020년 1월 1일에 누군가의 지갑을 훔친 B씨는 절도죄로 처벌받지 않았지요. 그런데 A국가는 점점 절도가 많이 늘자 2020년 1월 2일에 형법에 절도죄를 규정했습니다. 하루 전날 지갑을 훔친 B씨는 단 하루의 차이임에도 죄형법정주의, 소급적용 금지원칙에 따라 바로 다음 날 규정된 절도죄로 처벌받지 않게 됩니다. 만약 B씨가 2020년 1월 2일자의 형법에 따라 2020년 1월 1일자의 행위를 처벌받게 된다면 어떻게 될까요?

정답은 아주 간단해요. 사회는 곧 심각한 혼란에 빠지게 될 것입니다. 범죄를 저지른 것은 나쁜 일이지만, 새로운 법이 제정될 때마다 몇십 년 전에 잘못한 사람까지 고소할 수 있도록 한다면, 피해자는 계속 새로운 법이 규정되는지 지켜봐야 할 것이고, 수사 기관은 피해자의 고소로 몇십 년 전의 사건을 수사해야 할 것이며, 몇십 년 만에 고소를 당한 자는 갑자기 범죄자가 되어 버릴 것입니다. 이렇게 수사 기관, 개인, 그리고 사법 체계가 모두 혼란을 겪게 됩니다.

이 같은 혼란스러운 상황을 방지하고, '법적 안정성'을 위해 소급 적용을 금지하는 원칙을 둔 것입니다. (법적 안정성에 관하여는 '드레퓌스의 재판'에서 '기판력'을 이야기한 바 있습니다). 소급 금지원칙에 따른다면, 전범들을 처벌하기 위해서는 전범들이 어떠한 침략 행위를 했을 때, 이를 범죄로 규정하고 어떻게 처벌할 것인지가 이미 법률로 마련되어 있어야 합니다. 하지만 당시 전쟁 법 등에 전쟁 범죄 자체는 규정되어 있었으나, 안타깝게도 어떻게 처벌해야 하는지는 규정되어 있지 않았습니다. 또한, 전쟁 법에는 전쟁으로 인한 민간인 학살 등에 관해서만 규정되어 있을 뿐, 침략 행위나 침략 음모 자체에 관해서는 규정되어 있지 않았지요.

만약 침략 범죄, 침략 음모죄를 범죄 행위로 판단하지 못하면, 행위에 가담한 전범자가 아닌, 전쟁을 기획하고 주도한 인물들을 처벌할 수 없게 됩니다.

런던에서는 이러한 전범들을 처벌하기 위한 법률적 문제를 논의했어요. 그 결과, 런던 헌장 제6조에서 전범들의 범죄 행위를 다음과 같이 규정했습니다. 우선 '평화에 대한 죄'는 침략 전쟁을 계획, 준비, 개시, 수행했거나 이에 가담한 자를, '전쟁 범죄'는 포로나 민간인을 살해, 학대, 약탈한 자를 각각 처벌할 수 있도록 했어요. 마지막으로 '반 인도 범죄'는 인종적 이유 등으로 대량 학살, 혹사한 자를 처벌할 수 있도록 했는데, 유대인 학살이 여기에 해당합니다.

이후 뉘른베르크 국제 군사재판소에서는 침략 범죄, 침략 음모죄, 전쟁 범죄, 비인도적 범죄를 저지른 전범들에 대한 재판이 이루어졌습니다. 예상한 대로 재판에서는 죄형법정주의, 소급효 문제가 대두되었지요. 아무리 전쟁의 범죄자들을 처벌하기 위한 것이라 해도 법 규정이 없었을 때의 행위를 법률을 규정한 뒤에 다시 소급 적용하는 것이 과연 옳은지를 그냥 지나칠 수 없었던 것이지요. 원칙대로 판단하면, 뉘른베르크 국제 군사재판소의 재판에서 죄형법정주의가 전범들에게 유죄 판결을 내리는 데 발목을 잡을 것이 분명했습니다.

그런데 불행 중 다행이라고 할까요? 실제로 재판 내용에서는 특별히 죄형법정주의 문제가 심각하게 거론되지는 않았습니다. 앞서 보았듯이 변호인들은 '연합국도 전쟁 중에 비인륜적인 행위를 자행했는데, 왜 추축국에게만 그 죄를 묻는가'에 관한 쟁점만 강하게 문제 삼았지요. 추측해 보건대, 전범들이 행한 전쟁 범죄가 법률을 떠나 '도덕적'으로 문제가 될 정도였기에, 헌법에 기초한 죄형법정주의 주장으로는 유리한 판결을 받을 가능성이 낮다고 판단한 것이 아닐까해요. 설사 전범들이 죄형법정주의 문제를 강하게 주장했더라도 문명이 발달한 후로 홀로코스트와 같은 전무후무한 죄를 저지른 상황에서, 그 행위를 했을 때 법률이 없었으니 처벌할 수 없다는 주장은 그 자체로 반인륜적인 행위로 판단될 수 있으니까요. 그만큼 역사적으로 용서받을 수 없는 사건임이 분명했기 때문이지요.

재판부는 최종적으로, 죄형법정주의 원칙에 의해 조약과 확약을 공연히 배신하고 이웃 나라들을 경고 없이 공격한 자들을 처벌하는 것이 부당하다는 주장은, 명백히 진실이 아니라는 판결을 내렸습니다. 덧붙여 재판부는 1928년에 맺은 파리 협약을 그 법적 근거로 볼 수 있고, 전범들이 범죄 행위를 하기 전에 이미 파리 협약이 있었으므로, 죄형법정주의에 어긋나지 않는다고 판단했어요.

파리 협약은 '켈로그-브리앙 조약'이라고도 해요. 국가가 어떤 정책을 세우고 이를 실현하기 위한 수단으로 전쟁을 사용해서는 안 된다는, 즉 자기 나라의 이익을 위해 전쟁을 일으키는 것을 금지한다는 내용의 '부전(不戰)'조약입니다. 미국의 국무장관 프랭크 켈로그(Frank Kellogg)와 프랑스 외무부 장관 아리스티드 브리앙(Aristide Briand)이 공식적으로 제안해 파리에서 15개국이 체결하였고 이후 1936년에는 63개국이 체결했습니다.

세계 여러 나라들이 이 조약을 체결했으나, 조약 자체의 강제력은 없었기 때문에 조약을 제 입맛대로 해석해 이행했습니다. 그 결과, 이 조약의 가입국인 독일이 1940년대 제2차 세계대전을 일으켰을 때, 다른 나라들은 규탄만 할 수 있었을 뿐, 이 조약을 근거로 해서 독일에 어떠한 법적 제재도 가할 수 없었어요.

재판부는 1928년 파리 협정을 맺을 당시에 독일 지도자들이 침략

행위가 범죄에 해당한다는 점, 만약 침략 행위를 저지른다면 그 행위가 부당하다는 점을 '이미 알고 있었다'는 사실에 집중했어요. 조약에 어떤 범죄 행위를 저질렀을 경우에 특정한 처벌을 한다는 내용까지 담겨 있지는 않았지만, 다른 나라를 침략하는 행위를 하면 안 된다는 것은 당연히 알았을 것이라는 논지입니다. 즉, 파리 협정을 어긴 전범자들을 처벌하는 것은 침략 행위를 하기 전에 자신들이 서명한 파리 협정에 근거한 것이므로 죄형법정주의를 거스르는 것도 아니고, 소급 적용한 것도 아니라고 판단한 것이지요.

재판부는 판결 마지막에 '그들의 잘못을 처벌하지 않고 빠져나가도록 내버려 두는 것이야말로 부당한 것이다'라고 하여, 전범 재판이 죄형법정주의 원칙을 위반한 것이 아님을 다시 한 번 강조했습니다.

이렇게 나치 독일에 대한 전범 재판은 끝이 났습니다. 재판에서 전범들을 처벌하는 것은 역사적으로도 여러 의미를 지닙니다. 이후 세대들은 전범에 대한 역사적 기억을 잊지 않을 수 있고, 희생된 사람들을 향한 추모도 이어 갈 수 있으니까요.

또한 전범 재판은 인간이 행한 과거, 그 역사를 올바르게 잡는 일에 정의로운 법적 판단을 부여했다는 점에서도 큰 의미를 지닙니다. 지금 유럽을 포함한 모든 나라에서는 나치 독일을 부정적으로 평가하고, 다시 있어서는 안 될 일로 기억하고 있지요. 이것은 모두 전범 재판이 있었기에 가능했던 것입니다.

역사적 재판에서
법적 정의를 제대로 구현하지 못한다면

/

제2차 세계대전의 추축국 중 하나인 일본 역시 전범 재판을 받았습니다. 특히나 우리나라는 제2차 세계대전 당시 일본의 식민지였으므로 일본의 전범들이 제대로 된 처벌을 받기를 바랐습니다. 일본은 1946년부터 1948년까지 약 3년에 걸쳐 극동 국제 군사재판소(International Military Tribunal for the Far East, IMTFE)를 설치하고, 제2차 세계대전과 관련된 동아시아의 전범들에 대한 재판을 진행했습니다. 이 재판은 '도쿄 전범 재판', 혹은 '뉘른베르크 재판의 극동아시아 판'이라 불립니다.

극동 국제 군사재판소는 1946년 1월 특별성명서와 조례에 의해

극동아시아 국제 군사재판소에 선 피고인들

설치되어, 같은 해 2월 연합국 최고사령관인 맥아더가 미국, 영국, 프랑스 등에서 온 재판관 10명과 검찰관 30명을 임명함으로써 발족되었어요. 1946년 4월, 전쟁 범죄 용의자로 60명 이상이 지명되었고, 그중 구(舊) 수상인 도조 히데키를 포함한 28명이 기소되었습니다. 이 가운데 25명은 유죄 판결을 받았습니다. 사형으로 교수형을 당한 자가 7명이었고, 나머지 18명은 종신형 등 징역형에 처했습니다.

그런데 일본의 전범 재판은 독일의 전범 재판과는 다른 점이 있었습니다. 바로 재판을 받은 전범들의 숫자인데요. 극동 국제 군사재판소에서 재판을 받은 전범들은 28명이 전부였어요. 독일 전범 재판에서는 침략 범죄, 침략 음모죄, 전쟁 범죄뿐만 아니라 인도에 반하는 죄까지 모두 재판을 받았으나, 일본의 전범 재판은 그렇지 않았습니다. 침략 범죄, 침략 음모죄, 전쟁 범죄에 관해서만 이루어졌을 뿐 반인도적 범죄에 대한 재판은 이루어지지 않았지요. 이러한 이유로 위안부(慰安婦) 강제 동원, 조선인 강제 연행 같은 반인도적 범죄에 대해서는 전범 재판을 받을 수 없었고, 이 부분에 대한 역사적 사실을 규명하는 문제는 여전히 현재 진행형입니다.

안타깝게도 과거가 청산되지 않은 채 이미 수많은 시간이 흘렀고, 이제는 그 사실을 증명할 수 있는 증거들조차 흐릿해지고 있습니다. 올바르지 못한 역사를 판단하는 것은 바로 우리 자신들의 시각입니다. 반드시 재판이 아니더라도 어떤 것이 진실인지, 또 정의에 부합하는지 관심을 가진다면, 다소 시간이 걸리더라도 그 답을 찾을 수 있을 것입니다.

06

인간다움을
지키기 위해
일부러 죄를 짓다

✳

로자 파크스의 재판

(1955)

– 인종 차별과 흑인 인권 운동 –

#사람을색으로구별했다니 #짐크로우법 #i_have_a_dream

#연설감동쓰나미 #인권운동은이렇게하는것

저는 한국에서 태어나 한국 음식을 먹고, 한국의 문화와 예절을 배우며 자랐어요. 스스로 한국인이라고 생각하는데 남들은 그렇지 않은가 봐요. 바로 제 피부색 때문이겠지요. 아빠는 한국인, 엄마는 필리핀인으로 저는 까무잡잡한 피부를 가지고 있습니다.

어렸을 때는 잘 느끼지 못했는데 학교에 들어간 다음부터 아이들의 시선 때문에 불편한 경우가 많았어요. 가끔 혼혈 아이를 특이하다고 쳐다보는 사람들도 있었고, 한국말을 할 수 있는지 물어보는 사람들이 있었지만, 별 문제는 아니라고 생각했습니다. 그러나 학급 회의에서 반장을 뽑던 날에 저는 다들 나를 외국인으로 보고 있고, 다른 아이들과는 구분 짓는다고 확신하게 되었습니다.

우리 반은 반장, 부반장이 되려면 반 아이들의 추천이 필요합니다. 저를 후보자로 추천한 아이들은 아무도 없었어요. 담임 선생님은 자기 자신을 추천할 사람이 있냐고 물었고, 저는 당당하게 손을 들었습니다. 하지만 투표 결과는 매우 충격적이었어요. 제 이름을 쓴 용지가 한 장 나왔는데, 거기에는 '외국인은 반장이 될 수 없다'는 글이 적혀 있어 무효표였습니다. 저는 '무효표 1표', 즉 0표로 반장 선거에서 탈락했어요. 0표를 받은 것보다 저를 '외국인'이라며 반장이 될 수 없다고 생각하는 사람이 있다는 사실에 큰 충격을 받았습니다.

집에 와서 답답한 마음에 인터넷에 검색했는데 인종 차별이 늘고 있다는 기사들이 많았습니다. 피부색이 다르다고 학교에서 따돌림을 당하거나, 특정 인종에 혐오감을 보이는 일도 꽤 있었습니다.

피부색은 다르지만, 저는 엄연한 한국인입니다. 그런데 이건 제 생각일 뿐이겠지요? 뉴스든, 수업에서든 말로는 차별하지 말자고 하면서, 점점 심해지고 있다니 너무 두렵기도 하고 솔직히 이해되지 않아요.

＊　＊　＊

우리는 '인종 차별, 다문화 차별'이 당연히 나쁘다고 생각합니다. 그런데 지금은 당연하다고 하는 생각이 과거엔 아주 불가능에 가까운 상상처럼 여겨지기도 했어요. 사회적 차원에서 인종 차별을 비판하고 이를 해소할 방법을 모색해 왔기 때문에 점차 인종 차별은 부정적인 생각과 행동임을 알 수 있게 되었지요.

인종 차별을 금지하기 위한 가장 확실한 방법은 법률일 것입니다. 법에서 '옳다'라고 이야기한다면 대다수 사람들은 법적 판단을 내린 근거와 내재된 옳음을 믿기 때문입니다. 그 결과, 비록 현실에서는 '차별적 행동, 생각'이 남아 있을 수는 있으나, 차별 행동이 '옳지 못하다'는 인식을 가질 수 있게 됩니다.

하지만 법은 당대 사람들의 생각, 시대상을 반영하기 때문에 때로는 구시대적이고, 낡은 가치를 수호하는 면이 있어요. 이러한 이유로 항상 더 나은 정의를 구현하기 위해 법을 발전시켜 가야만 합니다. 새로운 법률을 만들거나 과거의 고착된 낡은 법률, 즉 '악법'을 고치

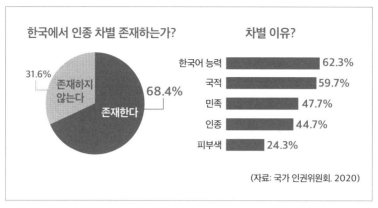

인종 차별의 실태

는 방식 등으로 말이지요.

　누구나 인종 차별은 정의롭지 않다는 것을 아는 지금의 시대에 이르기까지 기존의 인종 차별 악법을 고치기 위한 수많은 인권 운동이 있었습니다. 이제 인종 차별에서 절대 벗어날 수 없을 것 같았던 시기에 악법을 고치기 위해 일부러 법을 어긴 여성의 재판을 살펴보려합니다. 로자 파크스(Rosa Lee Louise McCauley Parks)가 그 주인공입니다. 그녀는 몽고메리 시를 상대로 어떻게 정의의 목소리를 높일 수 있었을까요?

사건 파일 일명, 악법을 고치기 위해 일부러 유죄 받기
로자 파크스의 재판

/

로자 파크스 사건은 1955년 12월, 미국 앨라배마 주 몽고메리 시의 평범한 버스 안에서 일어났습니다. 로자가 살고 있던 몽고메리 시는 미국의 남부 지방입니다. 당시 미국의 남부는 인종 차별 악법인 '짐 크로우 법(Jim Crow Laws)'에 따라 모든 일상생활에서 흑인과 백인의 삶이 분리되어 있었어요. 식당, 화장실, 극장뿐만 아니라 물을 마시는 급수대마저도 흑인과 백인의 구역이 나뉘었고, 아예 푯말로 뚜렷하게 구분되어 있었습니다. 버스와 기차처럼 물리적으로 나눌 수 없는 경우에는 앉는 자리를 분리해 흑인과 백인이 같은 자리에 앉지 못하도록 했어요.

몽고메리 시내버스에는 좌석이 36개 있었는데, 앞쪽 좌석 10개는 백인 전용 좌석으로 백인 승객이 전혀 없을 때에도 항상 비워 두어야 했습니다. 뒤쪽 좌석 10개는 흑인 좌석으로 간주되었어요. 앞뒤 20개의 좌석을 제외하면 중간에 16개 좌석이 남았는데, 16개의 좌석은 백인이 승차하기 전이라면 흑인이 앉을 수 있었으나, 만약 백인이 승차하면 흑인은 반드시 백인에게 좌석을 양보해야만 하는 자리였어요. 경우에 따라서는 백인 좌석 표시를 뒤로 밀어 중간 좌석 중여러 좌석을 백인 전용으로 지정할 수도 있었지요. 버스는 백인보다흑인이 더 많이 이용했으나, 버스의 주인은 늘 백인이었습니다.

몽고메리 시의 페어 백화점에서 보조 재봉사로 근무하던 로자는

유색인 전용 급수대

여느 때와 같이 오후 6시경 퇴근해 출퇴근을 할 때 늘 이용하는 버스
에 올랐습니다. 로자는 버스 요금을 내고 유색인 좌석의 맨 앞줄에
앉았어요. 역을 통과하면서 앞쪽 백인 좌석은 승객들로 전부 찼고,
다음 역에서 버스에 탄 백인 1명은 더 이상 앉을 곳이 없어 서 있었
습니다. 당시 유색인 좌석에는 로자까지 모두 4명의 흑인이 앉아 있
었지요.

백인이 서 있는 것을 본 버스 운전기사는 유색인 좌석의 표시를 뒷
자리까지 밀었고, 로자를 포함한 흑인 4명에게 일어나라고 요구했어
요. 흑인 3명은 곧바로 일어나 뒷좌석으로 옮겼으나 로자는 자리에
서 일어나지 않았습니다. 운전기사는 화가 난 목소리로 여러 번 로자
에게 뒷자리로 옮길 것을 지시했으나, 로자는 끝까지 자리에서 움직

로자 파크스의 모습, 마틴 루터킹과 함께 있다

이지 않았어요. 운전기사는 경찰에 로자를 신고했고 얼마 후 버스에 올라온 경찰은 그녀를 체포했습니다. 체포명은 몽고메리 시 조례 제6장 제11절 '분리에 관한 법률' 위반이었습니다.

로자가 체포되었다는 소식은 몽고메리 시에 빠르게 퍼졌습니다. 몽고메리 시의 흑인들은 로자가 버스 안 유색인 좌석에서 뒷좌석으로 옮기지 않았다는 이유만으로 체포된 사실을 알게 되었어요. 이에 화가 난 흑인들은 인종 차별을 하는 버스는 타지 말자는 시민운동을 벌이기 시작했습니다. 당시 몽고메리 시의 버스는 이용자 대부분이 흑인이었기에 흑인들이 모두 이 시민운동에 참여한다면 버스 회사는 운영에 문제가 생길 수밖에 없었어요.

로자 파크스 사건의 첫 번째 재판일이 잡히자 흑인들의 시민운동은 더욱 거세지기 시작했습니다. '서로가 목소리를 더한다면 이 문제를 더 큰 목소리로 알릴 수 있다'는 내용을 담은 전단지를 만들어 다른 흑인들에게도 이 사실을 알렸습니다.

당시 몽고메리 시의 흑인들은 대부분이 핍박받는 근로자 계층이어서 시민운동에 참여하기가 매우 어려웠을 것입니다. 그러나 로자와 같은 생각을 지닌 흑인들이 하나둘 목소리를 더하기 시작했어요.

그 결과, 몽고메리 시 시내버스 승객의 대부분을 차지하던 흑인들의 수는 눈에 띄게 줄어들었어요.

한편, 로자의 첫 번째 재판에서는 찰스 랭포드와 프레드 그레이 변호사가 함께 로자를 변호했습니다. 검찰은 주요 증인으로 당시 버스 운전기사 제임스 P. 블레이크와 버스에 탔던 백인 여성을 출석시켰어요. 백인 여성은 로자가 '버스의 흑인 구역에 빈 좌석이 있었음에도 불구하고 계속 백인 좌석에 앉아 있기를 고집했다'고 진술했습니다. 이 증언은 당연히 거짓이었지만, 재판부는 이것을 문제 삼지 않았지요. 그런데 희한한 것은, 로자가 자기주장을 적극적으로 말하지 않았고 증언대에도 서지 않았다는 사실입니다. 그뿐만이 아니에요. 로자의 변호인들 또한 적극적으로 로자를 변호하지 않았습니다.

사실 로자와 변호인들은 이 사건을 여기에서 끝낼 생각이 없었어요. 흑백 분리법이 헌법에 위반되는지를 판단받으려면 반드시 1심에서 유죄 판결을 받아야 했기 때문이지요. 로자는 몽고메리 지방법원에서 흑백 분리법 위반으로 유죄 판결을 받았습니다.

여기서 잠깐, 미국의 3심 제도에 관하여 알아보겠습니다. 미국은 우리나라와 마찬가지로 재판을 세 번 받을 권리를 보장합니다. 미국의 사법부는 연방주의 원칙에 따라 연방 법원과 주(state) 법원의 체제로 이루어져 있어요.

주 정부에 관한 사건은 각 주의 법원이, 연방 정부에 관한 사건은 미국 연방 법원이 일괄하여 관할합니다. 미국은 주 법원, 연방 법원에 각 1심(지방법원), 2심(고등법원), 3심(대법원)을 두고 있습니다.

참고로, 우리나라도 1심은 지방법원에서, 2심은 고등법원(혹은 지방법원 본원 합의부)에서, 마지막으로 3심은 대법원에서 진행해요. 1심 판결에 대한 불복으로 두 번째 재판을 신청하는 것을 '항소', 2심 판결에 대한 불복으로 세 번째 재판을 신청하는 것을 '상고'라 합니다. 미국 연방 대법원은 주로 국민의 기본권 등 헌법, 연방 법률과 관련된 재판을 하는데, 우리나라의 헌법 재판소와 비슷한 기관이라고 볼 수 있어요.

다시 로자의 사건으로 돌아가 보겠습니다. 로자와 변호인들은 형사 재판에서 유죄 판결을 받은 뒤, 유죄 판결의 기초로 적용된 흑백 분리법이 헌법에 위반된다는 취지로 항소했어요. 1심에서도 로자를 변호한 그레이 변호사는 위헌(헌법 위반)이라는 주장을 뒷받침하고자 법정에 많은 흑인들을 증인으로 세웠습니다.

증인들은 당시 버스 안에서 일어난 부당한 일들에 관해 진술했어요. 그 결과 1956년 '버스 분리 탑승은 위헌'이라는 판결을 받습니다. 그러나 이번엔 몽고메리 시의원들이 이 판결에 불복했고, 연방 대법원에 세 번째 재판을 신청, 즉 상고하기에 이릅니다.

1956년 연방 대법원은 다시 한 번 '위헌' 판결을 내렸고, 판결의 내용은 몽고메리 시에 알려집니다. 두 번의 판결 모두 흑인과 백인을 분리하는 것은 법의 근본이 되는 '헌법' 정신에 위배된다고 판단했습니다. 다시 말해 자유와 민주주의를 수호하는 사람이라면 흑인과 백인을 분리하는 행동을 해서는 안 된다고 본 것이지요. 이 판결은 흑백 분리가 잘못된 것임을 널리 알리는 바람을 일으켰습니다.

새로운 바람이 일어났다고 해서 사회가 바로 변화하지는 않았어요. 몽고메리 시의 버스 내에서도 바로 흑인과 백인이 섞어 앉은 모습을 볼 수는 없었습니다. 하지만 이 판결의 영향으로 몽고메리 시가 있는 앨라배마 주 전역을 포함해 플로리다 주 등 미국의 남부 지방에서는 크고 작은 시민운동들이 일어났어요. 몽고메리 시에서 일어난 시민운동과 같이, 분리 탑승을 하는 버스를 보이콧하는 식의 인종 차별 반대 운동들이 일어난 것이지요. 이후 본격적인 흑인 시민권 운동이 불붙기 시작하면서 각 주에서는 흑인의 권리를 찾기 위한 여러 형태의 인권 운동이 일어나게 됩니다.

이런 황당한 법이 생겨난 배경은?

흑인과 백인을 아예 구분하여 생활하도록 한 법이라니, 정말 이런 법이 있었을까 하는 생각이 들 거예요. 이러한 황당한 법이 제정된 것은 당시 미국 사회에 그 원인이 있었어요. 미국은 1861년부터 1865년까지 4년간 북부 지방과 남부 지방 사이에 격렬한 전쟁을 벌였어요. 네, 바로 미국의 남북 전쟁입니다. 남북 전쟁은 연방 제도를 지지하며 노예 해방을 외치는 '북부'와 연방에서 분리되어 노예 제도를 그대로 유지하려는 '남부' 사이에 벌어진 전쟁입니다.

남북 전쟁을 이해하기 위해 미국의 연방과 주(state)의 관계를 살펴볼게요. 미국은 'United States of America'라는 영문 이름에서 알 수 있듯, 각 주가 모여서(united) 만들어진 국가입니다. 국가의 권력이 중앙 정부와 각 주에 동등하게 분배되어 있으나, 외국과 조약을 체결하거나 외교 관계를 맺는 권한은 중앙 정부에만 있어요. 또 연방 헌법은 미국 주 내의 어떤 법보다 높은 자리를 차지하는 등 일반적으로 연방의 권한이 각 주의 권한보다 훨씬 크지요.

당시 미국은 노예 문제에 대해 주마다 시각이 달랐어요. 특히 미국 남부는 대규모 면화 농장을 운영하는 곳이 많았는데, 농장 지주들은 대부분 노예를 소유하고 있었어요. 1860년 노예 제도를 반대하는 링컨이 북부의 지지를 받아 대통령이 되자, 노예 반대의 목소리는 높아집니다. 남부의 지주들은 만약 연방이 법으로 노예를 해방시키면, 노예들이 노동해서 꾸려 가던 농장 운영을 못할 수도 있다는 위기감이 들었습니다. 이에 남부의 7개 주는 연방에서 탈퇴하겠다고 선언한 뒤, '남부 연합'이라는 새로운 나라를 세웁니다. 당연히 연방은 남부 연합이라는 나라를 인정하지 않았고, 이를 계기로 '남북 전쟁'이 일어난 것이지요.

긴 전쟁 끝에 1865년 남부는 북부에게 패배했습니다. 노예가 해방되자 남부는 이제 지속적으로 유색 인종을 차별하는 법안을 마련했어요. 그 법안이 바로 짐 크로우 법(Jim Crow Laws)입니다. 이 법은 미국 남부의 11개 주에서 1876년부터 1965년까지 무려 90년간 시행되었지요.

'짐 크로우', 법 이름이 마치 사람 이름 같은데 정말 사람 이름입니다. 짐 크로우는 코미디 뮤지컬에서 백인 배우가 연기한 바보 흑인의 캐릭터에서 따온 이름입니다. 뮤지컬의 정확한 제목은 'Jump Jim Crow'인데, 이 뮤지컬의 주인공인 흑인은 말 그대로 '바보' 캐릭터입니다. 법률에 굳이 바보 캐릭터의 이름을 붙인 것만 봐도 이 법률이 흑인을 멸시하기 위한 법률이었음을 알 수 있지요.

법률의 내용은 매우 간단해요. 백인과 유색 인종이 분리되어야 한다는 것이지요. 정말 말도 안 되는 법률이었지만 짐 크로우 법은 오랜 기간 유지되어 흑인들의 삶을 피폐하게 만들었어요.

짐 크로우 법이 시행되고 나서 흑인들은 여러 사건들을 통해 '흑백 분리법은 헌법의 정신에 위배된다'고 주장했습니다. 하지만 연방 대법원은 1896년 플레시 대 퍼거슨(Plessy v. Ferguson) 재판에서 흑백 분리법은 헌법과 그 의견이 일치한다는 판결을 내렸어요. 이것으로 오랫동안 짐 크로우 법은 정당성을 얻게 됩니다.

사건을 조금 더 살펴보겠습니다. 1892년 시민 운동가 호머 플레시(Homer Plessy)는 루이지애나 주 기차의 1등석에 앉아 있었는데, 기차의 차장은 플레시에게 1등석은 백인만 이용할 수 있다며 흑인 칸으로 이동하라는 명령을 내립니다. 플레시가 응하지 않자 결국 플레시는 루이지애나 주의 흑백 분리법 위반으로 재판을 받게 되었어요. 1심 판사 존 하워드 퍼거슨(John Howard Ferguson)은 플레시가 흑백 분리법을 위반했다고 판단해, 플레시에게 벌금형을 내립니다. 플레시 대 퍼거슨 사건은 로자 파크스와 마찬가지로 연방 대법원까지 총 세 번 재판을 받았으나, '분리되었으나 평등하다(separate but equal)'는 모순적인 합헌 판결로 종결되었습니다.

분리 원칙이 헌법에 합치한다는 플레시 대 퍼거슨 판결은 약 60년이 지난 1954년 브라운 대 토피카 교육위원회(Brown v. Board of Education of Topeka) 재판을 통해 비로소 뒤집힙니다. 여전히 흑인과 백인의 학교가 분리되어 있던 시절, 올리버 브라운(Oliver L. Brown)은 두 딸들을 흑인들만 다닐 수 있는, 1마일이나 떨어진 먼로 초등학교까지 보내야 했습니다. 브라운의 집과 가까운 곳에 섬너 초등학교가 있었으나 섬너 초등학교는 백인 전용 학교여서 두 딸들을 보낼 수 없었지요. 브라운은 토피카 교육위원회에 섬너 초등학교에 두 딸들을 입학할 수 있도록 해달라고 요청했습니다. 그러나 토피카 교육위원회는 백인 전용 초등학교라는 이유로 거부했어요.

브라운은 다른 흑인 부모 13명과 함께 토피카 교육위원회를 상대로 소송을 했습니다. 그 결과, 공립 학교 내 흑인과 백인을 분리해 교육하는 것은 위헌이라는 판결을 받습니다. 판결의 내용이 '공립 학교'에만 국한되어 아쉬움이 있었으나, 플레시 대 퍼거슨 사건의 분리 원칙과는 명백히 반대되는 판결이었지요. 이 판결은 1950대부터 1960년대 사이에 일어난 미국 내 흑인의 평등권 요구 운동(Civil Rights Movement)에 큰 영향을 미쳤습니다.

브라운 대 토피카 교육위원회 사건을 통해 공립 학교에서 인종 분리 교육을 폐지하는 것을 시작으로, 유색 인종에게 허용되지 않았던 공공시설을 사용하는 것, 이를테면 버스 내 유색 인종 분리 좌석을 없애는 등 점차 평등의 범위가 넓어졌습니다. 이후 1964년 공공장소, 고용, 노동조합에서 인종 차별을 금지하는 '연방 민권법(Civil

Rights Act)'이 제정되고, 1965년 유색 인종의 투표권에 관한 법률이 제정되면서 짐 크로우 법은 결국 폐지되었습니다.

이것이 '문제'임을 알아야 한다

/

흑인 시민권 운동이 주마다 활발하게 일어난 것은 흑인 인권 운동가 마틴 루터 킹(Martin Luther King Jr.)의 공로가 컸습니다. 마틴은 1954년부터 몽고메리 시에 있는 한 교회의 담임목사였습니다. 그는 1955년 12월에 일어난 로자 파크스 사건을 기화로 하여, 흑인 시민 운동이 몽고메리 시 외에 다른 남부의 주들까지 퍼질 수 있도록 원동력을 마련했습니다.

마틴은 로자의 항소심 재판에서 최대한 많은 흑인들이 증인으로 진술할 수 있도록 도왔어요. 사실 법정에서 증인을 선다는 것은 누구에게나 쉬운 일은 아닙니다. 당시 흑인들처럼 오랜 세월 노동자로 착취당하며 살아온 사람들에게는 더욱 힘든 일이었어요. 마틴은 흑인들에게 우리가 시민운동을 해야 하는 이유를 지속적으로 설파하고, 이번 소송의 중요성을 이야기했어요. 그 결과, 많은 흑인들이 증인

마틴 루터 킹 주니어 1964년

으로 출석해 목소리를 낼 수 있었지요. 수많은 흑인들의 목소리가 모였기에 1956년 연방 대법원에서 로자는 버스 내 분리법은 위헌이라는 승소(勝訴, 재판에서 이기는 것) 판결을 받을 수 있었던 것입니다.

흑인 인권 운동에서 제일 먼저 해결해야 할 일은 흑인들 스스로가 인종 차별 법들이 인권을 침해하고 정의롭지 못한 법임을 깨달아야 한다는 것이었어요. 마틴은 남부 지역에서 목사로 활동하면서 흑인들이 이 점들을 깨달을 수 있도록 수많은 연설을 했습니다. 마틴이 주도한 흑인 인권 운동은 간디의 비폭력 시위와 그 결을 함께합니다. 폭력을 휘두르며 억눌린 분노를 터트리는 것이 아니라, 비폭력으로 정의를 찾는 구호를 부르짖는 것이지요.

마틴이 1963년 8월 28일 링컨 기념관 앞에서 한 연설 '나에게는 꿈이 있습니다(I have a dream)'는 평등과 자유에 관한 내용을 담은, 현재까지도 가장 유명한 연설 중 하나로 꼽힙니다. 당시는 인종 차별을 금지하는 '연방 민권법'을 제정하기 이전이었어요. 연방 민권법을 통과시킬지, 말지를 의회에서 토론하던 시기였지요.

마틴은 연방 민권법의 제정을 독려하기 위해 링컨 기념관 앞에서 연설을 했습니다. 마틴의 간절한 연설 덕분이었을까요. 1964년, 연방 민권법(Civil Rights Act, 인종, 피부색, 종교, 성별, 출신국가 등에 의한 차별을 금지한다는 내용의 법)은 의회를 통과하여 제정됩니다. 마틴의 흑인 인권 운동으로 인종 차별에 대한 문제가 널리 알려졌고 그 결과, 더 정의로운 사회를 만들 수 있게 된 것이지요.

미국에서 인종 차별이 완전히 사라졌다고 말하는 사람은 아무도 없을 것입니다. 여전히 소위 화이트칼라 계층에는 백인들이 대부분이고, 흑인들은 블루칼라 계층에 종사하는 경우가 많습니다. 흑인뿐만 아니라 유색 인종인 멕시코를 포함한 남아메리카인들, 아시아인들도 흑인과 별반 다르지 않게 차별을 당하는 경우가 많고요.

우리는 로자의 사건과 마틴의 인권 운동을 통해 인종 차별을 '문제'로 만드는 것, 그리고 그 문제를 널리 알리는 것이 문제를 해결하기 위한 시작점임을 배웠습니다. 이 글의 처음에 나온 이야기처럼 우리나라에서도 다문화 차별과 같은 인종 차별 혹은 인종 혐오 문제가 늘어나고 있습니다. 이러한 상황에서 우리가 할 수 있는 일은 무엇이 있을까요? 특정한 활동이나 대단한 움직임이 아니더라도 현재 상황에서의 문제를 알고, 다른 사람들에게 알려서 변화의 목소리가 모일 수 있도록 하는 것이 인종 차별 같은 사회 문제를 해결해 나가는 시작점이 아닐까요.

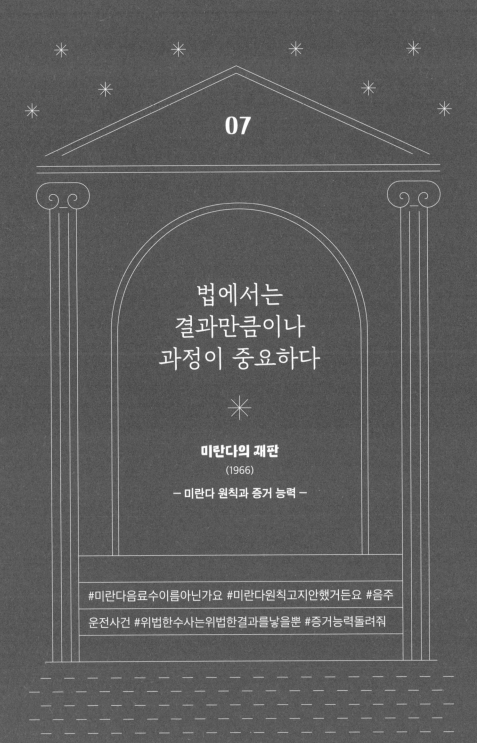

07

법에서는
결과만큼이나
과정이 중요하다

✳

미란다의 재판
(1966)

– 미란다 원칙과 증거 능력 –

#미란다음료수이름아닌가요 #미란다원칙고지안했거든요 #음주
운전사건 #위법한수사는위법한결과를낳을뿐 #증거능력돌려줘

한적한 마을의 별장. 누가 범인인지 밝히는 '추리 대회'가 열렸습니다. 전국 각지에서 추리를 좀 한다는 사람들이 7명 모였습니다. 추리에 성공해 범인을 잡으면 우승 상금이 무려 1억 원입니다. 별장 주인은 7명의 참가자들에게 커다란 상자를 열어 1억 원 상당의 금괴를 보여 줬어요. 참가자들은 금괴를 받으면 무엇을 할지 벌써부터 행복한 고민에 빠졌지요. 그러나 행복한 기분도 잠깐, 다음 날 아침 금괴는 감쪽같이 사라지고 말았어요. 참가자들은 각자 추리 실력을 발휘해서 절도범이 누구인지 밝혀내기로 했습니다.

　참가자들은 별장 내부와 외부를 샅샅이 뒤져서 단서가 될 만한 것을 찾아내려 했지만, 단서라고는 상자 주변에 있던 투박한 무늬의 발자국뿐이었습니다. 발자국의 신발 사이즈는 약 280mm, 투박한 무늬인 것으로 보아 장화나 군화 종류였습니다.

　추리 끝에 참가자들은 별장의 정원을 관리하는 정원사 A씨를 범인으로 지목했습니다. A씨만 작업용 장화를 갖고 있었고, 장화에 진흙이 묻어 있었기 때문이지요. A씨는 '자신의 발 사이즈는 260mm이고, 저 발자국과 자신의 장화 발자국은 다른 모양이다'라고 주장했지만, 참가자들은 A씨의 말을 믿지 않았습니다. 그리고 A씨에게 끈질긴 회유와 질문을 던졌습니다. 여기에 지친 것일까요? A씨는 '내가 금괴를 가져간 것이 맞다'고 진술했고, 별장 주인을 포함한 참가자들은 범인을 잡았다고 축하했습니다. A씨가 묵은 방, 가방, 별장 어디에서도 금괴는 발견되지 않았는데, 별장의 사람들은 A씨가 억지로 한 자백만으로 A씨를 범인으로 인정한 것이지요.

그런데 여기서 한 가지 의문이 듭니다. A씨가 스스로 죄를 뉘우쳐 자백을 한 것이라면, 아니 진짜 범인이라면 다행이지만, 만일 주변의 압박에 의해서 자백을 한 거라면요? 자백이 거짓이라면요? 이 자백으로 A씨의 유죄를 증명할 수 있을까요?

＊　＊　＊

위 사례에서 범인을 잡은 결정적 증거는 바로 '자백'입니다. 자백(自白)이란, 자기가 저지른 죄나 허물을 남들 앞에서 스스로 고백하는 것을 말합니다. 일반 생활에서 자백은 일종의 고백 행위, 예를 들면 '식탁 위의 간식은 내가 먹었다'처럼 편하고 자유롭게 할 수 있어요. 자백한 말이나 글이 거짓이라고 해도 별다른 문제가 발생하지는 않아요. 하지만 형사 사건에서의 자백은 다릅니다. 형사 소송법에서의 자백은 자기에게 불리한 범죄 사실을 긍정한 진술을 의미해요. 자백으로 자신이 저지른 죄를 털어놓으면, 그 죄를 인정받아 형사처벌을 받을 수도 있어요.

이러한 이유로 형사 소송법에는 유죄의 증거로서 어떤 자백을 인정하기 위한 까다로운 원칙들이 규정되어 있어요. 원칙들을 지키지 않으면 아무리 솔직하게 말했다고 해도 자백으로서 인정받지 못하고, 나아가 유죄의 증거로 삼을 수 없게 됩니다. 만약 어떤 사람이 자백을 했다고 해서 바로 유죄를 인정해 버린다면, 이를 이용해 무고한 사람이 죄인이 되는 일이 일어날 수 있겠지요(우리는 그러한 경우를 '세일럼의 마녀재판'에서 살펴보았습니다). 자백을 인정하기 위한 까다로운 원칙들은 곧, 무고한 사람이 자백만으로 죄를 인정받지 못하도록 만드는 일종의 '안전장치'라고도 할 수 있습니다. 과거 고문이나 강요로 자백을 받아내 엉뚱한 사람이 죄인이 된 사건들이 있어서 바로 이런 안전장치를 만들게 된 것이지요.

범인의 자백을 인정하기 위해서 어떤 까다로운 원칙들을 충족시켜야 하는지를 잘 보여 주는 사건이 있습니다. 사건 속 인물의 이름을 따서 '수사의 원칙'까지 만들었다고 하네요. 에르네스토 미란다(Ernesto Miranda)가 선 법정으로 함께 가보겠습니다.

사건 파일 일명, '위법한 수사로 범인을 잡아들인 죄'
미란다의 재판

/

1963년 3월의 어느 밤, 미국 애리조나 주 피닉스 시, 멕시코계 미국인 에르네스토 미란다는 버스에서 내려 집으로 향하던 18세 소녀를 납치해 차의 뒷좌석으로 밀어 넣었습니다. 미란다는 교외 쪽으로 20분쯤 달려 사막 지역에 차를 세운 후 소녀를 강간했어요. 범행을 당한 소녀는 집에 돌아와 이 사실을 가족에게 이야기했습니다. 소녀의 가족은 경찰에 신고했고, 경찰의 끈질긴 조사 끝에 미란다는 체포

되었습니다.

미란다는 멕시코 불법 이민자의 가정에서 태어나 불우한 어린 시절을 보낸 인물입니다. 그는 경찰의 조사를 약 2시간가량 받는 동안 변호인의 도움을 받지 못했습니다. 경찰관이 소녀에게 강간 범행을 저질렀는지 묻자, 미란다는 "나는 그런 범행을 저지르지 않았다."고 답변했습니다.

경찰관은 특수 유리창이 설치된 방에서 범인을 찾아내는 절차를 진행했습니다. 유리창을 사이에 두고 한쪽에는 피해자나 목격자를, 다른 쪽에는 용의자와 그와 비슷한 용모의 사람들을 서게 한 뒤 범인을 지목하도록 하는 것이지요. 용의자 쪽은 유리창 너머를 볼 수 없지만, 피해자나 목격자는 유리창 너머를 볼 수 있습니다. 소녀는 유리창 너머에 선 사람들 중 미란다를 가리키며, 범인과 비슷해 보이지만 확실하지는 않다고 말했습니다.

경찰관은 소녀가 정확하게 미란다를 알아보지 못했음에도 불구하고, 조사실에서 미란다에게 소녀가 적극적으로 미란다를 지목했다고 거짓말하면서 그를 신문(법원 등 국가 기관이 어떤 사건에 관하여 피고인 등에게 말로 물어 조사함)하기 시작했습니다. 미란다는 경찰관의 끈질긴 신문 과정에서 결국 범행을 자백했습니다. 그리고 자신이 구술한 내용이 적힌 진술서에 서명을 했습니다. 당시 진술서에는 다음 문구가 쓰여 있었는데, 경찰관은 미란다가 자백을 모두 마친 다음에서야 미란다에게 그 문구를 읽어 주었습니다.

"나의 의사에 따라, 협박이나 강요, 이익의 약속 없이, 임의로 진술했음을 선서한다.

나의 권리를 모두 알고, 진술이 나에게 불리하게 쓰일 수 있음을 이해한다."

미란다는 수사 과정에서 이 문구를 어느 경찰관에게서도 들은 적이 없었어요. 경찰관에게 조사받는 과정에서 자신이 변호인의 도움을 받을 수 있고, 자신에게 불리한 경우에는 진술을 거부할 수 있는 권리가 있다는 사실을 전혀 알지 못했지요.

미란다는 즉각 재판에 회부되었으나, 변호인을 고용할 경제적 형편이 되지 않아 국선 변호인으로 앨빈 무어가 선임되었습니다. 무어는 피닉스 시에서 강간범 35명을 변호, 그중 1명만 유죄 판결을 받았을 정도로 매우 유능한 변호사였어요. 하지만 미란다의 변호를 맡았을 때는 70세가 넘어 은퇴하다시피 한 상태였지요.

무어는 미란다의 사건을 맡고 미란다가 자백을 하는 과정에서 자신에게 보장된 권리를 보호받지 못했다는 사실을 알게 되었어요. 무어는 재판에서 미란다가 수정헌법 제5조 즉, 스스로에게 불리한 증언을 하지 않고, 변호사의 조력을 받을 권리가 있음을 알지 못했고, 그럼에도 불구하고, 수사 기관이 그대로 신문을 진행했다는 사실을 꼬집었어요. 미란다는 이러한 권리를 알지 못한 채 자백을 했으므로 이 자백은 처음부터 증거로 채택될 수 없다고 주장했습니다.

그러자 검사는 경찰관이 불쌍하고 아무 죄 없는 청소년에게 자백

을 강요한 상황이 아니고, 경찰관이 피고인의 권리를 빼앗은 사실이 없다고 반박했습니다. 그 결과, 배심원들은 만장일치로 미란다를 유죄로 판결했어요. 애리조나 주 지방 법원은 수사 기관이 미란다의 자백을 강압적으로 받아 냈다는 증거가 없다는 이유로 미란다에게 단기 20년, 장기 30년의 중형을 선고했습니다.

미란다의 사건이 주목받기 시작한 것은 오히려 판결이 나온 이후였습니다. 이 사건은 범죄 피의자(수사 기관의 범죄 의심으로 수사를 받는 사람)의 인권에 관한 사회적 이슈를 만들면서 새로운 국면을 맞이했습니다. 사건은 점점 유명세를 타고, 연방 대법원까지 가게 되었습니다. 연방 대법원에서는 범죄 피의자의 인권과 사회의 안전 중 어느 것이 우선되어야 하는지에 관해 의견이 충돌했습니다. 그리고 1966년 5 대 4로 미란다가 승소했습니다.

미란다가 승소한 연방 대법원 판결의 다수 의견(다수의 대법관들이 낸 의견)을 함께 살펴볼까요? 다수 의견은, 수사 기관이 피의자를 구속해서 신문할 때, 신문을 시작하기 '전'에 피의자에게 헌법상 주어진 권리 즉, 변호인의 도움을 받을 수 있고, 자신에게 불리한 경우에는 진술을 거부할 수 있음을 알려 주고(고지), 피의자로부터 이 권리를 포기하고 진술하겠다는 동의를 구해야만 그 피의자를 신문한 조서(피의자 신문 조서)를 증거로 채택할 수 있다고 판단했어요.

또한 수사 기관이 피의자를 신문한 조서를 작성할 때 피의자에게 이 권리를 고지했는지 여부가 문제되는 경우, 이것을 제대로 고지했다는 증명은 피고인이 아니라 '검찰' 측이 해야 한다고 보았고요. 만약 검찰이 피의자에게 권리를 고지했다는 점을 증명하지 못하면, 피의자 신문 조서는 증거로 사용할 수 없게 됩니다.

별로 대단해 보이지 않지만, 이 판결은 피의자를 조사할 때 가장 중요한 피의자의 기본권을 보장하는 길을 열어 주었습니다. 특히 헌법상의 권리를 고지했다는 점을 검찰이 증명하게 함으로써 피고인이 입증하기 어려운 문제를 단번에 해결할 수 있도록 했지요.

연방 대법원은 자백이 적힌 진술서는 증거가 될 수 없다고 판단하고, 사건을 다시 애리조나 주 법원으로 돌려보냈습니다. 당시 애리조

미란다 원칙을 고지하고 있는 경찰의 모습
©Gerald L. Nino, CBP, U.S. Dept. of Homeland Security

나 주에서는 이 사건에서 미란다가 무죄 판결을 받게 된다면 앞으로 흉악 범죄자들은 변호인의 도움을 받아 어떠한 진술도 하지 않게 될 것이라고 비판했어요.

여기서 헷갈리지 말아야 할 것은 미란다에게 권리를 고지하지 않은 행위가 헌법을 위반한 것은 맞지만, 미란다가 소녀를 강간한 중대 범죄자라는 사실은 변함없다는 것입니다. 이후 미란다는 다시 피닉스 시 검찰에 의해 기소되었고, 합법적 수사 과정을 거쳐 강간으로 징역 10년 형을 선고받게 됩니다. '피의자들로부터 자백을 받지 못하더라도 다른 증거들을 찾아 범죄자들이 합당한 처벌을 받도록 하겠다'는 메시지를 강력하게 보여 준 것이지요.

미란다가 연방 대법원에서 받은 판결의 내용은 오늘날 우리가 흔히 말하는 '미란다 원칙'이 되었어요. 이 원칙은 피의자의 권리를 보장함은 물론, 수사의 과정이 합법적인 절차대로 이루어져야 함을 이야기합니다.

당신은 법 앞에서 자신을 보호할 권리가 있다

/

실제 미란다 원칙은 수사 과정에서 어떻게 작용할까요? 우리나라의 헌법, 형사 소송법을 통해서 한 번 알아보겠습니다. 법 조항을 그대로 이야기하는 것은 지루하고 어려우니, 하나의 사건을 예로 들어서 설명해 보겠습니다.

A씨가 집에 가는 길에 쓰러져 있는 사람을 발견했습니다. 그는 평소 알고 지내던 사이인 B씨입니다. B씨는 피를 흘리고 있었는데, 그를 도와주려고 부축하다가 그만 A씨의 손에 피가 묻었어요. 설상가상으로 A씨는 B씨의 주변에 떨어진 커다란 망치에 피가 묻어 있자, 이것을 정확히 확인해 보려고 망치를 집어 들었지요. 그 순간 경찰이 "꼼짝 마!"라고 외치며 A씨의 얼굴에 손전등을 비춥니다. 현장에서 망치를 들고 있었던 A씨는 경찰서로 연행되었고, A씨는 평소 B씨와 알던 사이이고, 현장에 있었다는 이유로 피의자가 되었습니다. 피의자가 된 A씨가 주장할 수 있는 권리는 무엇이 있을까요?

우선, 헌법 제12조에는 '체포 또는 구속의 이유와 변호인의 조력을 받을 권리가 있음을 고지받지 아니하고는 체포 또는 구속을 당하지 아니한다'고 되어 있습니다. 이는 앞서 살펴 본 미란다 원칙에 해당합니다. 그런데 여기서 한 가지 의문이 듭니다. 형사 소송법만으로도 충분할 텐데 굳이 헌법에까지 규정한 이유는 무엇일까요? 특히 헌법 제12조에서는 총 7개의 항에 걸쳐 자백, 고문 등에 있어서 피의자의 권리를 상세하게 규정했는데요. 그 이유는 과거 우리나라의 민주화 운동에서 찾을 수 있습니다.

독재 정권에 저항하는 민주화 운동이 일어났던 때 정부는 민주화 운동을 하는 사람들을 불법적으로 체포하고 구속해 인권을 침해하고 가족들에게 고통을 준 일이 많았습니다. 그러한 과거를 반성하고, 같은 일들이 다시 일어나지 않도록 헌법과 형사 소송법에 각각 규정하게 된 것이지요.

다음으로, 형사 소송법은 미란다 원칙을 더욱 구체적으로 규정하고 있습니다. 헌법이 피의자들에게 고지할 의무가 있다는 것 정도로 규정한 것에 비해 형사 소송법은 훨씬 구체적으로 어떤 내용을 고지해야 하는지를 설명해요.

형사 소송법 제200조의5는 피의자를 '체포'하는 경우에 피의 사실의 요지, 체포의 이유, 변호인을 선임할 수 있음을 말하고, 피의자로 하여금 변명할 기회를 주어야 한다고 규정합니다. 영화나 드라마에서 경찰이 범인을 검거할 때 "당신은 묵비권을 행사할 권리가 있고, 변호인을 선임할 권리가 있으며, 당신의 증언은 불리하게 작용할 수 있습니다."라고 범인에게 말하는 장면이 종종 나옵니다. 바로 범인에게 미란다 원칙을 고지하는 장면이지요.

형사 소송법 제244조의3은 피의자를 '신문'하는 경우에 진술을 거부할 수 있는 권리 등이 있다는 것을 알려야 한다고 규정합니다. 조사하기 전에 피의자에게 불리한 이야기를 하지 않아도 된다는 것을 다시 한 번 알리는 것이지요.

만약 형사 소송법의 미란다 원칙을 어긴 채 피의자에게 자백을 듣는다면, 그 자백은 증거 능력이 인정되지 않습니다. '증거 능력'이란 범죄 사실의 증거로 쓸 수 있는 일종의 '자격'을 의미합니다. 증거 능력이 없는 증거로는 어떤 범죄 사실이든 인정할 수 없게 돼요. 즉, 미란다 원칙을 고지하지 않고 수사를 했다면 피의자가 자백했어도 증거 능력이 없기 때문에 그 자백으로 유죄 판결을 받을 수 없습니다.

또한, 미란다 원칙을 어긴 증거에 의한 것이면 그 이후 발견된 증거까지 증거 능력을 인정받을 수 없게 되지요. 좀 더 쉽게 예를 들어 보겠습니다. 경찰은 살인 사건의 범인인 C씨를 C씨의 집에서 체포하면서 미란다 원칙을 고지하지 않았습니다. C씨는 너무 놀라서 그 자리에서 경찰에게 "미안하다, 내가 D를 칼로 죽였다."고 자백을 했어요. 이후 경찰은 경찰서로 C씨를 연행한 뒤에 미란다 원칙을 고지하고, 피의자 C씨를 신문했습니다. C씨는 "내가 사용한 칼은 우리 집 뒷마당에 있다."고 앞서 말한 자백을 좀 더 상세히 설명했습니다. 경찰은 C씨의 집 뒷마당에서 칼을 발견했고, 그것을 증거로 수집했어요.

슬쩍 본다면, C씨의 뒷마당에 칼을 가지러 가기 전에 경찰서에서 C씨에게 미란다 원칙을 고지했기 때문에 수사 원칙을 지킨 것처럼 보입니다. 그러나 자세히 들여다보면, 뒷마당에서 수집한 칼은 증거 능력을 인정받을 수 없어요. C씨의 1차 자백, 즉 '내가 칼로 죽였다' 는 자백이 미란다 원칙을 고지하지 않은, 위법한 상황에서 이루어졌기 때문입니다. 그러므로 C씨의 자백은 증거 능력이 없고, 위법한 자백에서 비롯된 증거 역시 위법하기 때문에 칼 또한 증거 능력을 인정받을 수 없는 것이지요.

범죄자가 아닌 이상, 미란다 원칙과 관련해 이런 상황이 얼마나 있을까 싶고, TV에 나오는 흉악 범죄자들만 해당되는 경우일 거라는 생각이 들지요? 하지만 생활 속 여러 사건에서도 찾아볼 수 있습니다. 대표적인 생활 범죄인 음주 운전에서도 심심찮게 등장합니다.

미란다 원칙을 위반한 음주 운전 사건

/

이제부터 살펴볼 사건은 2000년대에 일어나 실제로 대법원에서 판결 받은 사건입니다. 이 사건의 피의자는 어느 12월 밤, 승용차를 운전하던 중 피해 차량의 뒤쪽에 부딪혀 사고를 냈어요. 피해 차량의 운전자와 동승자는 차에서 내렸고, 피해 차량의 운전자와 피의자는 시시비비를 가리다가 도로 한복판에서 싸움을 벌였습니다. 피해 차량 측이 경찰에 신고했고, 곧 경찰들이 현장에 출동했습니다.

경찰들은 피의자에게서 술 냄새가 난다는 것을 감지하고는 피의자가 음주 운전을 한 것은 아닌지 의심이 들었어요. 경찰들은 피의자에게 음주 측정을 위해 지구대로 동행할 것을 요구했습니다. 경찰들의 요구에 피의자는 "술을 마시지 않았고, 사고도 내지 않았다."며 계속해서 주장했고, 순찰차에 타는 것을 거부했어요. 할 수 없이 경찰 4명이 피의자의 팔다리를 잡아 강제로 순찰차에 태워 지구대로 데려갔습니다. 그 과정에서 경찰들은 피의자에게 형사 소송법 제200조의5에 규정한 사항 즉, 미란다 원칙을 고지하지 않았지요.

피의자를 지구대로 연행한 후 경찰들은 음주 측정에 응해 달라고 요청했고, 피의자는 계속 거부하다가 결국 호흡 측정에 응했습니다. 그 결과, 음주 운전으로 처벌받을 수 있는 수치가 나왔지요. 경찰관은 피의자에게 측정이 끝났으니 집으로 돌아가라고 했어요. 하지만 피의자는 이 측정 결과를 받아들일 수 없다고 항의하면서 다시 혈액 검사로 측정해 줄 것을 요구했습니다. 경찰은 가까운 병원에 동행하여 피의자의 채혈을 진행했어요.

이후 검찰은 피의자가 도로교통법(음주 운전)을 위반했다는 범죄 사실로 공소를 제기했습니다. 피의자는 이제 피고인 신분이 되어 재판에 출석했어요. 재판은 첨예한 대립 끝에 결국 대법원까지 갔는데, 대법원은 경찰관들이 형사 소송법 제200조의5를 고지하지 않은 상태로 피고인을 지구대로 강제 연행한 것은 '위법한 체포'에 해당한다고 판단했습니다. 그 상태에서 한 음주 측정 요구는 '위법한 수사'이며, 나아가 측정 결과 또한 적법한 절차에 따르지 않고 수집한 증거이기 때문에 그 증거 능력을 인정할 수 없다고 판결을 내렸지요. 결국 미란다 원칙을 지키지 않은 상태에서 행한 체포, 수사, 증거가 모두 위법하다고 판단한 것입니다.

여기서 우리가 제대로 이해해야 하는 것은, 미란다 원칙을 지킨다고 해서 범죄자들에 대한 수사나 처벌이 느슨해지는 것은 아니라는 점입니다. 자칫 이 판결을 오해하면, 음주 운전을 한 것은 명백한 범죄 행위인데, 위법한 체포, 수사, 증거라고 해서 일방적으로 범죄자들을 보호하는 것으로 볼 수 있거든요.

미란다 원칙을 규정하고 수사 기관이 이것을 지키도록 하는 것은 경찰, 검사 등과 같은 수사 기관의 권력, 즉 공권력(公權力)에 한계를 두기 위해서입니다. 공권력이 한 개인에게 그 '권력'만으로 위법한 수사를 하지 못하도록 규제하는 것이지요. 절차상 원칙을 모두 지킨 합법적인 수사를 통해서도 얼마든지 진실을 규명하고 범죄를 해결할 수 있다는 것입니다.

어떤 범죄를 저지른 피의자에게 죄를 묻는 것은 당연한 이치입니다. 하지만 그 죄를 묻기 위해 수사하는 일련의 과정이 합법적이지 못하다면 과연 정의를 구현해낼 수 있을까요? 앞서 예로 든 별장의 추리 대회 사건처럼, 지독한 회유와 질문으로 얻어 낸 정원사 A씨의 자백만으로 금괴를 훔친 범인을 잡았다고 말하기 어려운 것처럼 말입니다.

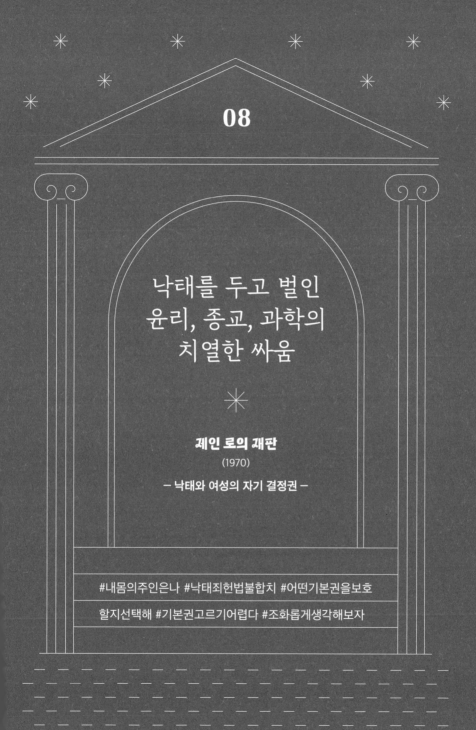

08

낙태를 두고 벌인
윤리, 종교, 과학의
치열한 싸움

✳

제인 로의 재판
(1970)

− 낙태와 여성의 자기 결정권 −

#내몸의주인은나 #낙태죄헌법불합치 #어떤기본권을보호
할지선택해 #기본권고르기어렵다 #조화롭게생각해보자

저는 청소년입니다. 남자 친구가 있는데, 어느 날 임신 사실을 알게 되었습니다. 남자 친구에게 전화해서 "임신한 것 같다. 무섭다." 라고 이야기했고, 남자 친구도 저만큼 당황한 것 같았어요. 임신이라니, 정신이 아득해지고 어떻게 해야 할지 아무 생각도 나지 않았습니다. 부모님께 말씀드릴 수 없었고, 친구들에게 물어볼 수도 없었어요. 인터넷 검색으로 청소년 상담센터의 전화번호를 알아내어, 상담센터에 전화해 보기로 마음먹었습니다.

전화를 걸기 전에 궁금한 점들을 노트에 적었습니다. 혹시 아이를 낳아서 키우려면 남자 친구와 결혼을 해야 하는데 청소년인 제가 결혼을 할 수 있는지, 결혼하고 아이를 낳아도 학교를 다닐 수 있는지, 아니, 결혼하지 않고도 아이를 낳을 수 있는지, 꼭 아이를 낳아야 하는 것인지, 앞으로 어떻게 살아야 하는지… 수많은 질문이 떠올랐어요.

상담 선생님과 전화하면서 "남자 친구도, 저도 이 문제를 어떻게 해결해야 하는지 답이 없다"며 아이를 어떻게 해야 할지 모르겠다고만 말했어요. 노트에 적은 질문들은 생각나지 않았고, 두려운 생각으로 가득해져서 제대로 말할 수 없었어요. 상담 선생님은 당황하지 말라고 저를 안심시켜 주셨어요. 그리고 함께 답을 찾아보자고 하시면서 용기를 주셨어요. 그 말에 그동안 참고 있었던 눈물이 났어요. 상담 선생님은 제가 어떤 선택을 하든 아직 미성년자이기 때문에 부모님의 도움이 있어야 한다고 말씀하셨어요.

만약 남자 친구와 결혼을 하려 해도 법률상 혼인은 성년이 되어야만 할 수 있다고 알려 주셨어요. 미성년자도 결혼을 하면 성년으로 본다는 규정이 있지만, 그마저도 만 18세가 되어 부모님의 동의가 있어야 할 수 있다고 하셨고요. 병원에 가서 진료를 받더라도 부모님의 도움이 필요하다고 말씀하셨어요.

남자 친구와 결혼을 하지 않는다면 아이는 어떻게 해야 하나요? 저는 불안한 생각이 들었습니다. 만약 아이를 낳아 키우기 어렵다면 낙태를 해야 할까요? 낙태를 할 수는 있나요? 혹시 낙태를 하면 처벌을 받는 것 아닌가요?

＊　＊　＊

아이를 갖는다는 것은 흔히 축복이라고 이야기합니다. 부부가 아이를 가지면서 맞이하는 변화와 감정은 축복처럼 느껴질 만한 감동이라고 여기기 때문입니다. 하지만 뜻하지 않은 아이를 갖게 된 때는 어떠할까요? 어른들 역시 준비되지 않은 임신과 출산은 버거운데, 청소년이라면 더욱 감당하기 힘든 현실일 것입니다. 위 청소년들처럼 너무 어린 나이에 아이를 갖게 되었을 경우에는 무섭기도 하고, 어떻게 이 상황을 받아들여야 할지 암담하기도 할 거예요.

두렵고 막막하더라도 우선 어른들에게 알려 도움을 받기를 권합니다. 아이의 엄마, 아빠인 청소년 자신의 생각도 중요하지만, 그 생각을 잘 정리하고 합리적인 결정을 내리기 위해서는 부모님, 담임 선생님, 상담 선생님, 청소년 도움 센터 같은 어른들의 도움이 필요해요. 혼자서 고민할 때는 길이 없다고 생각되지만, 여러 명의 생각이 합쳐지면 답 없는 질문에도 답을 찾을 수 있어요. 어른들의 판단이 무조건 맞다는 것이 아닙니다. 어른들의 생각을 더해 좀 더 나은 답안을 찾는 것이지요.

눈앞에 닥친 임신이라는 현실도 무거울 텐데, 낙태라는 선택지는 더욱 암담하게 느껴질 수 있을 것입니다. 사례 속 청소년처럼 낙태를 하면 형사 처벌을 받는 것은 아닌지 걱정하는 사람들도 꽤 많아요. 비교적 최근까지 형법에서 낙태죄를 인정했기 때문이지요.

'낙태죄를 인정해야 하는가?'는 아직까지 어떤 판단이 맞는지 정확히 답을 알 수 없는 문제입니다. 그래서일까요? 낙태죄에 관해 오랜 기간 여러 분야에서 찬성과 반대 의견이 팽팽하게 대립되어 왔어요. 낙태가 각자의 신념, 종교, 성별, 상황 등에 따라 완전히 입장이 다를 수 있는 문제여서 하나의 정답을 내릴 수 없었던 것이지요.

낙태는 여성만이 아니라 태아의 생명과도 연관되어 있어서 이것을 법률로 받아들이는 데는 사회적인 파장이 엄청날 수밖에 없습니다. 여러분은 낙태 문제에 대해 찬성과 반대 중 어느 쪽이 옳다고 생각하나요? 법정에서 낙태죄로 재판을 받았던 여성의 이야기를 들어 보며 깊게 생각해 보았으면 합니다. 법정에 선 노마 맥코비(Norma McCorvey)를 만나러 가 보겠습니다.

사건 파일 일명, '임신을 그만둘 권리를 주장한 죄'
제인 로의 재판

/

노마 맥코비는 미국 텍사스 주를 떠돌며 서커스 공연을 하는 서커스단의 여성 매표원이었습니다. 1969년 어느 날, 노마는 텍사스 주 댈러스 카운티에서 동네 불량배들에게 강간을 당해 임신을 하게 되었다면서 병원을 찾아가 의사에게 낙태를 해달라고 부탁했어요.

당시 미국은 1970년대 초까지 대부분의 주에서 산모 구명 조치, 즉 임산부의 생명이 위험한 경우에 하는 낙태 말고는 모든 낙태가 불법이었습니다. 텍사스 주 또한 예외 없이 낙태죄가 법률로 제정되어 있었어요. 이 법률에 따라 노마는 아이를 낙태할 수 없었습니다. 병원의 의사는 이 법률을 위반하면 범죄를 저지르는 것이 되므로 노마에게 낙태 수술을 해줄 수 없다고 말했습니다.

노마는 참담한 심정을 토로했으나, 의사는 노마에게 해줄 수 있는 일이 아무것도 없었어요. 다만, 의사는 노마의 딱한 사정에 텍사스 주 법에 대해 위헌 소송을 제기하라고 변호사를 소개해 주었어요. 의사의 도움으로 노마는 1970년 텍사스 주를 상대로 낙태죄는 위헌이라는 소송을 제기합니다.

원고는 제인 로(Jane Roe, 실제 이름은 노마 맥코비이지만 개인의 사생활을 보호하기 위해 익명의 이름으로 소송을 합니다), 피고는 텍사스 주 댈러스 카운티의 지방 검사인 헨리 웨이드(Henry Wade)였기에 이 소송은 로 대 웨이드(Roe v. Wade) 재판이라고 불리었습니다.

노마 맥코비 ©Lorie Shaull

헨리 웨이드

당시 대부분의 주는 낙태를 반대해 노마는 낙태를 인정하는 판결을 받을 수 없었습니다. 결국 이 사건은 지방법원을 거쳐 연방 대법원까지 올라갔습니다. 그 과정까지 약 3년이 걸려서 노마는 판결을 받기 전에 아이를 낳을 수밖에 없었어요. 노마는 이미 출산을 했기 때문에 더 이상 낙태죄에 관한 위헌 판결이 의미 있는 상황이 아니었습니다. 하지만 앞으로도 노마와 같은 사건이 생길 수 있다고 판단해 소송을 계속 진행했습니다. 그리고 1973년 1월 연방 대법원 판사 9명 중 7명, 즉 다수의 대법관들은 낙태죄에 관한 법률을 위헌으로 판단했습니다. 이로써, 낙태를 받은 여성과 낙태를 시행한 의사가 처벌받는 법률은 미국의 역사 속으로 사라지게 되었지요.

다수 의견의 핵심은, 임신한 여성이 임신을 그만둘 권리는 헌법이 보장하는 기본권인 '사생활권(zone of privacy)'에 해당한다는 것이었습니다. 낙태를 규제한다는 것은 곧 여성의 기본권을 규제하는 것이므로 '반드시 중요한 경우에만' 법으로 제한할 수 있다는 의견이었지요.

연방 대법원은 고대 그리스에서 현대 미국에 이르는 낙태와 관련된 법률의 역사를 검토했습니다. 그 결과, 역사적으로 낙태를 금지하게 된 세 가지 이유를 발견했습니다. 첫째는 빅토리아 시대에 불법적인 성행위를 막기 위해서, 둘째는 여성의 건강을 보호하기 위해서, 셋째는 임신 기간 동안 태아의 생명을 보호하기 위해서였습니다.

현대의 성 역할과 의료 기술을 고려할 때 앞의 두 가지 이유는 이번 사건과 관련 없다고 판단되었지요. 다만 세 번째 이유에 관해서는 좀 더 면밀히 검토해야 했어요. 검토 끝에 연방 대법원은 미국 헌법에서 말하는 '사람'의 정의에 태아가 속하지 않는다고 보았고, 형법, 민법에서 특별히 정한 경우에만 태아를 '보호받을 자격이 있는 사람'으로 간주한다고 판단했습니다.

연방 대법원이 검토한 역사를 문화적 관점에서 보면, 일부 집단들은 태아를 완전한 사람으로 보는 경우가 있긴 했습니다. 하지만 이 시각이 공통의 합의에 따른 시각은 아니라고 판단했고, 연방 대법원은 태아를 사람으로 간주할 수 있을지에 관한 여러 '관점'들이 있는 상황에서 모든 태아를 보호하는 것은 정당하지 않다고 결론을 내렸어요. 즉, 태아를 법률상 완전한 사람으로 간주할 수 있을지 없을지 모르는 상황이므로, 이미 보호받을 자격이 있는 사람, '여성'의 법익을 보호하는 것이 더 필요하다고 판단한 것입니다.

다만, 그렇다고 해도 무조건적으로, 언제나 낙태를 허용하는 입장은 아니었습니다. 연방 대법원은 여성의 기본권을 침해할 수 있으므로, '아주 중요한 경우'에만 예외적으로 낙태를 규제할 수 있다고 명시했습니다. 의학계에서 인간의 태아가 생후 6개월 정도면 충분히 생명을 유지할 수 있다고 의견을 냈는데, 이것을 고려해 태아의 어느 시기까지 낙태를 허용해야 하는지를 규정할 수 있다고 보았지요.

위헌 판결을 받은 다음 날부터 낙태는 합법화되었습니다. 이후 미국의 대부분 주에서 임신 6개월 전까지 시행하는 낙태는 형사 처벌의 대상이 아니었지요. 로 대 웨이드 판결 이후 49년 동안 미국에서 낙태는 합법이었습니다. 그러나 2022년 6월, 로 대 웨이드 판례가 49년 만에 뒤집어지게 됩니다. 그 이야기는 뒤에서 다시 자세히 다루도록 하겠습니다.

기본권끼리 충돌했을 때는 어떻게 절충해야 할까?

/

로 대 웨이드 판결은 여성이 임신 기간 중 태아를 낙태할 수 있느냐를 단순히 법률적으로만 판단한 것이 아니라 윤리, 종교, 생물학, 의학적인 관점에서 바라본 재판입니다. 낙태 문제를 해결하는데 왜 윤리, 종교, 생물학, 의학적 판단이 필요한 것일까요? 낙태 문제가 오랜 역사에 걸쳐 찬반 논란이 끊이지 않는 이유는 엄마와 태아의 권리가 얽혀 있고, 태아의 생명과 관련되었기 때문입니다.

헌법이 보장하는 기본권은 인간이라면 누구나 가지는 권리이고 태어날 때부터 지닌 천부적 인권입니다. 헌법에서는 인간의 존엄과 가치, 행복 추구권 등을 보장합니다. 문제는 두 사람의 기본권이 충돌하는 경우에 생깁니다. 나의 기본권도 중요하고 너의 기본권도 중요한데, 두 기본권 중 어느 쪽 손을 들어 주어야 할까요?

꼭 낙태 문제가 아니더라도 기본권이 충돌하는 경우는 생각보다 많습니다. 길을 걸어가는데 길가에서 담배를 피우는 사람이 있다고 해봅시다. 나는 담배라면 질색이고 담배 냄새를 맡아 간접 흡연을 하면 건강을 해칠 것 같습니다. 하지만 담배를 피우는 사람은 법을 어기지 않는 범위 내라면 내가 원하는 곳에서 간섭받지 않고 담배를 피울 자유가 있지요. 흡연자가 담배를 피울 사생활의 자유권, 담배를 피우지 않는 혐연권자의 생명권이 충돌하는 경우에 여러분은 누구의 기본권이 더 보호되어야 한다고 생각하나요?

다행스럽게도 기본권의 충돌 문제를 풀 수 있는 해결 방법이 두 가지 있습니다. 두 가지 방법 중 좀 더 적합한 방법을 선택해 문제를 해결할 수 있어요.

하나는 두 기본권 중 좀 더 우위에 있는 기본권이 있는 경우에 적용하는 '이익 형량에 의한 방법'입니다. 다른 하나는 기본권 중 우열을 가릴 수 없는 경우에 적용하는 '규범 조화적 해석에 의한 방법'입니다. 말이 좀 어려워 보이는데 하나씩 차근차근 살펴볼게요.

이익 형량에 의한 방법은 기본권 사이에 더 중요한 기본권과 덜 중요한 기본권이 있다는 전제에서 시작합니다. 두 기본권을 등수에 따라 비교한 뒤에 더 우위에 있는 기본권의 손을 들어주는 것이지요.

한편, 규범 조화적 해석에 의한 방법은 기본권 사이에 우열은 없다는 전제에서 시작합니다. 더 중요한 기본권을 찾는 것이 아니라, 두 기본권이 조화롭게 있을 수 있는 방법을 찾는 것이지요. 이 방법은 주로 두 기본권의 이익이 상당해서 둘 중 하나를 포기할 수 없는 경우에 적용합니다.

앞서 이야기한 사건에 이 방법들을 적용시켜 볼게요. 흡연권자와 혐연권자 사이의 기본권 충돌은 실제 우리나라의 헌법 재판소에서 판단을 받은 사건입니다. 헌법 재판소는 이 기본권 충돌 문제를 '이익 형량에 의한 방법'으로 해결했습니다. 혐연권자의 생명권이 흡연권자의 사생활 자유권보다 우위에 있다고 본 것이지요. 따라서 흡연권은 혐연권을 침해하지 않는 범위 내에서 인정하는 것으로 판단했어요. 그 결과, 보행자 도로나 학교 주변 등에 전면적인 금연 표시를 했고 건물, 사람이 많이 다니는 인도 등은 금연 구역으로 지정되었으며, 곳곳에 흡연할 수 있는 한정적인 장소를 만들었습니다.

낙태 문제를 이익 형량에 의한 방법으로 해결할 수 있을까요? 안타깝게도 낙태는 임신, 출산이라는 문제, 여성과 태아의 신체, 생명이 관련되어 있어 둘 중에 어느 기본권이 더 우위에 있다고 판단할 수 없습니다. 두 기본권을 모두 보호할 수 있는 절충안을 마련하는 것이 가장 합리적으로 보입니다.

로 대 웨이드 판결에서는, 규범 조화적 해석에 의한 방법을 택했습니다. 연방 대법원은 여성의 사생활권도 보호하고, 태아의 생명권도 보호할 수 있는 방법을 찾았습니다. 구체적으로 살펴보면, 임신을 3단계로 구분해 낙태를 허용하도록 법을 규정했습니다. 임신한 뒤 첫 3개월 동안은 임산부가 자유롭게 낙태할 수 있고, 임신 4개월째부터는 임신 여성의 건강을 보호하기 위해 낙태를 일부 규제하는 한도 내

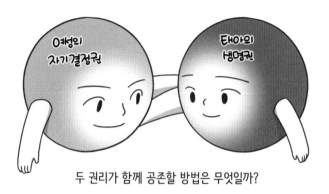

두 권리가 함께 공존할 방법은 무엇일까?

에서 할 수 있으며, 임신 7개월째부터는 태아가 모체 밖에서도 생존 가능하므로 낙태를 금지했지요. 이는 포기할 수 없는 기본권 두 가지가 충돌했을 때, 어떠한 방식으로 조화롭게 해결할 수 있는지를 잘 보여 줍니다.

우리나라에서 낙태 법률은 어떻게 되었을까?

/

로 대 웨이드 판결 이후, 약 40년도 더 지난 2019년에 우리나라에서도 낙태죄와 관련한 논란이 일어났습니다. 산부인과 의사 A 씨가 낙태 수술을 한 혐의로 1심에서 징역 1년, 집행 유예 2년을 선고받으면서 사건은 시작되었어요. 산부인과 의사 A 씨에게 적용된 죄목은 형법 제270조 제1항 승낙낙태죄 위반이었습니다.

우리나라 형법 제269조 제1항은 '부녀가 약물 기타 방법으로 낙

태한 때에는 1년 이하의 징역 또는 200만 원 이하의 벌금에 처한다'
고 하여 자기 스스로 낙태하는 경우에는 그 여성이 처벌받고, 형법
제270조 제1항은 '의사 등이 부녀의 촉탁 또는 승낙을 받아 낙태하
게 한 때에는 2년 이하의 징역에 처한다'고 규정해 산부인과 의사 등
이 여성의 요청으로 낙태 수술을 하면 처벌받도록 규정했어요.

산부인과 의사 A씨는 낙태한 '여성'을 처벌하는 형법 제269조 제
1항과, 낙태한 '의사'를 처벌하는 형법 제270조 제1항이 헌법에 위
반된다며 헌법 재판소에 헌법 소원 심판을 청구했습니다.

헌법 재판소는 어떠한 법률이 헌법에 위반되는지 여부를 판단받
을 수 있는 절차가 두 가지 있습니다. 하나는 '위헌 법률 심판'으로,
법률이 헌법에 위반되는지 여부가 재판의 전제가 된 경우에 '법원'이
헌법 재판소에 제청해 그 심판에 의해 재판하는 절차(헌법 제107조
제1항)입니다. 다른 하나는 '헌법 소원 심판'으로 바로 위의 위헌 법
률 심판의 제청 신청이 '기각'되면, 그 신청을 한 당사자가 직접 '헌
법 재판소'에 헌법 소원 심판을 청구하는 절차(헌법 재판소법 제68조
제2항)입니다.

위헌 법률 심판도, 헌법 소원 심판도 둘 다 법률의 위헌 여부를 판
단받는 것이지만 소송 절차가 다릅니다. 위헌 법률 심판은 민사, 형
사 재판 등 특정 재판을 받는 도중에 당사자가 재판에 적용되는 법률
이 헌법에 위반된다며 재판을 받는 '법원'에 '헌법 재판소에 위헌 법
률 심판을 청구해 달라'고 요구하는 것입니다. 반드시 민사, 형사 재
판 등이 진행 중이어야 하고(재판의 전제성), 헌법 재판소가 아니라

법원에게 요구하는 것이기 때문에, 법원이 이 요구를 기각할 수도 있어요. 이러한 경우에는 당사자가 직접 '헌법 재판소'에 헌법 소원 심판을 청구할 수 있습니다. 즉, 위헌 법률 심판을 요구했는데 법원에서 이를 받아들여 주지 않는 경우, 당사자가 직접 헌법 재판소에 헌법 소원 심판을 청구하는 것이지요.

이 사건에서 산부인과 의사 A씨의 위헌 법률 심판의 제청 신청은 받아들여지지 않았고, 산부인과 의사 A씨는 직접 헌법 재판소에 헌법 소원 심판을 청구했습니다. 만약 헌법 재판소가 형법 제270조 제1항이 헌법에 위반된다는 결정을 내리면, 산부인과 의사 A씨의 형사 재판에 적용되는 형법 제270조 제1항은 무효가 되므로, 당연히 무죄 판결을 받을 수 있게 됩니다.

이 사건보다 7년 전인 2012년에도 낙태죄에 관한 헌법 재판소의 결정이 나온 적이 있습니다. 그때의 결론은 '낙태죄는 헌법에 합치한다'는 것이었습니다. 당시 헌법 재판관들은 인간의 생명은 고귀하고, 이 세상에서 무엇과도 바꿀 수 없는 존엄한 인간 존재의 근원이며, 이러한 생명에 대한 권리는 기본권 중 기본권이라는 취지로 헌법에 합치한다고 선고했어요. 이후 약 7년 동안 낙태죄에 관해 다시 헌법 재판소에 판단을 구하는 경우가 없었기 때문에 이번에 어떤 판결을 받을지의 귀추가 주목되었지요.

하지만 이번 사건에서 헌법 재판소는 2019년 4월 '형법 제269조 제1항 및 형법 제270조 제1항의 의사 부분은 헌법에 불합치한다'는 결정을 내립니다. 헌법 제10조에서 보장하는 개인권, 인격권, 행복

추구권은 개인의 '자기 운명 결정권'을 그 전제로 하고 있다고 판단했기 때문이지요.

한 여성은 자신이 임신을 할지, 출산을 할지 결정하는 것, 즉 임신과 출산을 하면서 특별한 희생을 강요당하지 않을 권리가 있습니다. 그런데 위 형법의 두 조항이 여성의 기본권을 침해하기 때문에 헌법에 불합치한다고 판단한 것입니다.

헌법 재판소의 이 결정은 임신한 여성의 자기 운명 결정권과 태아의 생명권이 충돌했을 때 임신한 여성의 손을 들어 준 것으로 보입니다. 헌법 재판소는 헌법 불합치 결정을 하면서 2020년 12월 31일까지 기존의 낙태죄 처벌 조항을 개선할 수 있는 법률을 만들도록 했는데, 해당 날짜까지 법률이 만들어지지 않아서 낙태죄는 2021년 1월 1일부터 효력만 상실한 상태입니다.

언제쯤 낙태에 관한 법률이 만들어질지, 어떠한 내용의 법률이 될지는 아직 미지수입니다. 다만 로 앤 웨이드 판결처럼 낙태를 허용하는 기한을 두는 식으로 작은 범위의 낙태죄를 규정하는 방향으로 논의할 여지가 있어 보입니다.

미국의 낙태권, 또 다시 뒤집혔다?

/

로 앤 웨이드의 판결과 우리나라 헌법 재판소의 결정 모두 임신한 여성의 권리와 태아의 권리 중 하나를 선택해 판단하기가 쉽지 않았을 것입니다. 낙태가 법률로만 판단할 수 있는 문제가 아니고 윤리, 종교, 생물학, 의학 등이 모두 얽힌 문제이기 때문이지요.

그래서였을까요? 로 앤 웨이드의 판결 이후 49년 만에 미국은 낙태권에 대해 완전히 다른 판결을 내렸어요. 미국 연방 대법원이 2022년 6월 임신 15주 이후에 하는 낙태를 금지한 '미시시피 주 법'에 대해 '헌법에 합치한다'는 판결을 내린 것이지요.

이 판결은 미국의 여성 단체, 시민 단체, 종교 단체 등의 거센 찬반 논란을 불러왔습니다. 이처럼 낙태죄 폐지 찬반론은 여전히 첨예하게 대립하고 있습니다. 찬성, 반대 측은 어떤 주장을 하고 있을까요?

낙태죄를 폐지해야 한다는 측은 모든 여성이 원하지 않는 임신을 중단할 권리가 있다고 강조해요. 임산과 출산은 여성의 삶을 완전히 변화시킬 수 있는 중대한 일입니다. 여성은 신체의 큰 변화를 겪고, 사회적으로 학업 혹은 경력의 단절 등을 혼자 짊어질 수밖에 없는 구조이지요. 이런 상황에서 국가가 임신을 결정할 자유를 박탈한다면 이것은 여성의 기본권 중 자기 결정권을 침해하는 것이라는 주장입니다. 실제로 여러 사회 문제가 이 주장을 뒷받침해요. 원하지 않는 임신을 한 미성년자들이 병원을 찾지 못해 부모 몰래 출산한 뒤 아기를 버리거나, 미혼모가 되어 편견 어린 시선을 받고 살아가는 현실이 있지요.

한편, 낙태죄를 폐지해서는 안 된다는 측의 주장 또한 만만치 않습니다. 의료 기술의 발전으로 낙태가 필요한 경우가 현저히 줄어든 상황에서 낙태를 허용하는 것은 시대에 맞지 않다는 것입니다. 몇 주만 지나도 태아의 심장 소리를 들을 수 있고, 조산한다고 해도 의료 기술이 발달해 아이의 생명을 살릴 수 있는 확률이 높아지고 있다는 점에 주목합니다. 낙태죄를 폐지하면 생명 윤리를 경시하는 사회 풍속이 생겨날 뿐이지, 낙태를 할 수밖에 없는 상황 자체를 해결하는 것이 아니기 때문에 낙태죄를 폐지하기보다는 임신한 여성과 태아 모두를 낙태할 위기에서 지켜내는 근본적인 노력이 필요하다는 것이지요. 요즘 시대에 맞게 제대로 된 성교육에 집중해 낙태가 일어날 상황을 만들지 않도록 해야 한다고 이야기해요.

우리는 지금까지 재판을 통해 시대에 따라 국가가 어떠한 개인의 기본권에 좀 더 무게를 두고 있는지, 그 견해를 가늠해 볼 수 있었습니다. 역사 속 재판을 보고 우리가 보호해야 할 가치가 무엇인지, 기본권의 충돌을 조화롭게 해결할 방법은 없는지 고민할 수 있을 거예요. 하지만 우리가 고려해야 할 것이 하나 있습니다. 그것은 개인의 기본권 자체가 한 개인의 삶과 생활 속에 그대로 녹아 있기 때문에 국가가 개인마다 처한 상황이나 의견들을 모두 고려할 수 없다는 점입니다. 결국 한 개인의 기본권과 관련한 문제는 한 개인의 신념이 어디로 향하는지, 어디까지 책임질 수 있는 행동인지 등을 개개인이 선택하고 결정해야 할 문제라 볼 수 있습니다.

자신이 책임질 수 있는 범위의 행동을 하는 것, 그것이 바로 진정한 자유를 보장받을 수 있는 방법이 아닐까요.

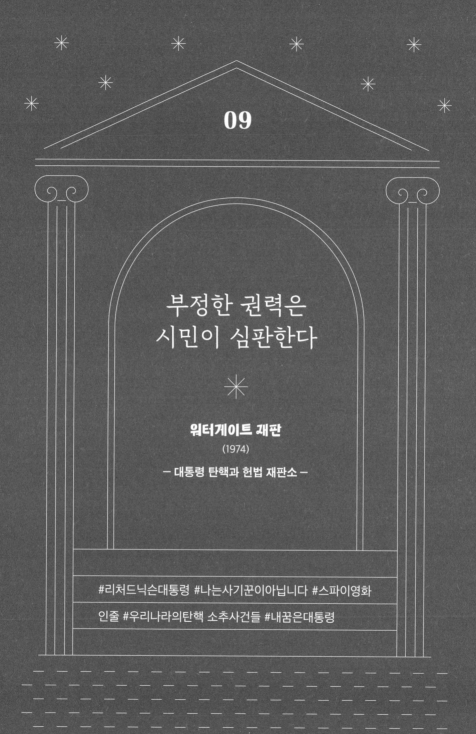

09

부정한 권력은
시민이 심판한다

✳

워터게이트 재판
(1974)

― 대통령 탄핵과 헌법 재판소 ―

#리처드닉슨대통령 #나는사기꾼이아닙니다 #스파이영화

인줄 #우리나라의탄핵 소추사건들 #내꿈은대통령

저는 예전에 정치에 관심이 정말 없었어요. 정치는 몇몇 사람들이 하는 거라고 생각했거든요. 그러다 고1 때 우연히 SNS에서 가끔 정치 풍자 동영상이 떠서 보다가 저도 모르게 정치에 대해 관심이 생기기 시작했지요. 그러다 국회의원의 SNS 채널도 팔로우해 봤어요. 그것을 통해 정치인들이 어떻게 사회의 문제를 이야기하는지 볼 수 있었고, 다양한 소통 창구에 저도 쉽게 의견을 낼 수 있었어요. 그러다 보니, 왠지 저도 사회의 일원으로 멋지게 활동하는 기분이 들었어요. 전보다 정치 뉴스를 훨씬 더 관심 있게 보게 되었고 나중에 제가 어른이 되어 투표를 하면, 현명한 선택을 할 수 있을 거라고 생각했어요.

마침 선거철이 되어 투표권은 없지만 저도 후보자들의 공약을 살펴보았어요. 어떤 후보가 가장 양심적이고 우리 도시를 위해 애써줄 것인지 판단했어요. 선거가 끝나고 나서 결과가 나왔는데, 제가 지지한 3번 후보가 당선되었습니다. 제일 맘에 들었던 후보자가 당선되어 저는 몹시 기뻤어요. 3번 후보자의 공약대로 멋진 변화가 일어날 것 같았고요.

그런데 3번 후보자가 국회의원이 된 지 1년이 지나고서, 우리 시는 전보다 훨씬 더 뉴스에 자주 나왔습니다. 좋은 거 아니냐고요? 천만의 말씀입니다. 그 국회의원이 과거 공무원으로 근무했을 때 저질렀던 여러 건의 공금 횡령 사건들이 매일 방송에 보도되고 있기 때문이에요. 결국 그 사람은 국회의원직에서 사퇴했고, 이번에 재보궐 선거를 하게 되었어요. 그래서였을까요? 저는 정치하는 사람들이 별로 좋게 보이지 않고, 정치도 알고 싶지 않아졌어요. 차라리 다시 정치에 무심했던 예전처럼 지내는 것이 편하다는 생각이 들었습니다.

＊　＊　＊

흔히 선거를 '민주주의의 꽃'이라고 합니다. 우리는 초등학교 때부터 반장 선거를 하고 성인이 된 후에는 국회의원, 대통령 선거 등 수많은 선거에 참여합니다. 우리는 소중한 한 표를 행사하며 나를 대신해 학급일, 나랏일을 맡아서 할 사람을 뽑습니다. 다수결로 뽑힌 대표자는 선거 과정을 통해 정당성을 부여받습니다. 이처럼 선거는 국민이 국가의 주인임을 보여 주는 가장 손쉬운 방법입니다. 그래서 선거를 민주주의의 꽃이라 칭한 것이지요.

앞서 '소크라테스 재판'에서 살펴본 것처럼 민주주의가 추구하는 기본 가치는 다수결의 원칙입니다. 다수가 선택한 의견을 채택하고, 또 다수가 선택한 사람에게 우리의 정치, 경제 등 문제를 해결할 수 있는 권한을 줍니다.

하지만 여기서 의문이 듭니다. 그럼 국민이 선거로 뽑은 대표자가 불법적인 일을 자행한 사실을 알게 되면, 국민은 아무런 조치를 취할 수 없는 것일까요? 이미 선출되었다는 이유만으로 임기가 끝날 때까지 기다려야 할까요?

우리가 뉴스에서 들었던 '탄핵(彈劾)'이라는 단어가 바로 여기에서 나옵니다. 탄핵이란 대통령, 국무총리, 법관 등 고위 공무원이 위법 행위를 저질렀을 경우 국회의 소추(訴追, 탄핵 발의를 하여 파면을 요구 하는 행위), 탄핵 심판 등에 의해 해당 고위 공무원을 공직에서 파면 시키거나 처벌하는 제도를 말합니다.

우리나라 헌법에는 대표자로 선출된 자가 불법적인 일을 행했을 때 탄핵할 수 있는 조항이 규정되어 있습니다. 주권을 준 국민이 스 스로 판단해 다시 주권을 돌려받는 것이지요.

현재까지 가장 유명한 대통령 탄핵 사건은 바로 미국의 워터게이 트 사건입니다. 그럼 지금부터 한 편의 영화 같은 사건이 벌어진 워 터게이트 호텔로 가볼까요.

사건 파일 일명, '국민을 속이고 권력을 내 입맛대로 휘두른 죄'
워터게이트 재판

/

1972년 6월의 어느 밤, 워싱턴 DC, 포토맥 강변에 있는 워터게이 트 호텔에 근무하던 경비원은 주차장과 건물 사이의 문에 이상한 테 이프가 묶여 있는 것을 발견하고, 도둑이 든 것으로 의심해 경찰에 신고했습니다. 출동한 경찰은 워터게이트 호텔 6층에 있는 미국 민 주당 전국위원회 본부 사무실에 불법 침입한 괴한 5명을 발견했고,

바로 현행범으로 체포했지요.

경찰은 처음에 이들이 단순한 절도범인 줄 알았습니다. 그러나 괴한들은 전화 도청 장치와 스파이용 카메라 장치를 들고 있었어요. 특히 현행범 중 한 명인 제임스 맥커드의 수첩에서는 대통령 재선위원회(Committee to Re-elect the President, CREEP)에서 활동한 백악관 인사의 연락처가 발견되었지요.

당시 대통령은 민주당과 대립하는 공화당 출신의 닉슨 대통령이었습니다. 민주당 문에 붙은 이상한 테이프, 도청 장치와 카메라, 그리고 백악관 인사의 연락처. 아무리 봐도 절도 사건치고는 수상한 구석이 가득했어요. 경찰은 이들이 단순 절도범이 아니라고 판단해 현행범들과 관련한 수사를 시작했습니다.

이 사실이 언론의 보도로 세간에 알려지자, 백악관 대변인은 '3류급 절도 사건'에 불과한 사건일 뿐인데 부풀려 수사하는 것이라고 발표했습니다. 같은 해 6월 리처스 닉슨(Richard Nixon) 대통령은 기자 회견에서 '백악관은 이 사건과 전혀 관련이 없다'고 분명하게 이야기했어요.

그러나 침입자들을 신문하는 과정에서 맥커드는 CIA에 근무했던 직원이고, 대통령 재선위원회 조직의 경비 주임이었다는 사실이 밝혀집니다. 게다가 그가 대통령 재선위원회로부터 자금을 받았다는 사실이 드러났어요. 이후 이 사건은 단순 강도 사건이 아닌 현직 대통령이 연루된 거대한 정치 스캔들로 바뀌게 됩니다. 이제는 FBI가 직접 수사에 나섭니다.

도청 사건이 일어난 워터게이트 빌딩

　사건이 점점 커지자, 닉슨은 백악관의 자기 집무실에서 대통령 수석 보좌관인 해리 로빈슨 홀더먼에게 CIA를 이용해 FBI의 워터게이트 사건 수사를 방해하고, 이 사건을 은폐시킬 것을 지시했습니다. 이후 닉슨 대통령 재선위원회 직원들의 주도하에 워터게이트 사건 수사를 방해하려는 정치 공작이 이루어집니다.

　당시 닉슨은 두 번째 대통령 선거를 앞두고 있었어요. 임기가 5년이면서 한 번밖에 대통령을 할 수 없는 우리나라와 달리, 미국은 임기가 4년인 대신 두 번 대통령을 할 수 있거든요. 닉슨은 두 번째 대통령 당선을 위해 국민들에게서 신임을 얻어야 했어요.

　같은 해 8월 닉슨은 다시 한 번 성명을 발표합니다. "나는 현재 진행되고 있는 조사가 백악관이나 행정부 직원 누구도 이 사건과 연관되어 있지 않다는 것을 제대로 판명해 주리라고 생각한다."고 말했어요.

닉슨의 성명이 여론에 통했던 것일까요? 닉슨과 민주당의 대선 후보인 조지 스탠리 맥거번의 대통령 선거전이 본격적으로 진행되자, 워터게이트 사건에 대한 사람들의 관심은 점차 줄어들었습니다. 게다가 괴한들이 침입한 사무실에 별다른 기밀문서가 없다는 사실이 보도되자 사람들의 관심은 더 멀어졌지요. 그 결과 1972년 대선에서 닉슨은 선거인단 538표 중 520표를 획득해 재선에 성공합니다. 자연스럽게 워터게이트 사건은 그렇게 덮이는 듯했습니다.

한편, 대선이 진행되는 동안에 괴한 5명은 모두 기소되었습니다. 1973년 1월 재판에서 피고인 전원이 도청 행위에 관해 유죄 판결을 받았습니다. FBI는 닉슨의 재선과는 별개로 여전히 범인들의 배후에 누군가 있을 거라는 심증을 가지고 수사를 계속했어요. 이후 백악관 직원들을 한 명씩 조사하기 위해 '상원 워터게이트 특별위원회'를 설립했지요. 특별위원회는 닉슨을 포함한 백악관의 주요 인사들을 불러 청문회를 진행했지요. 청문회의 전 과정은 TV로 방송되었어요.

1973년 7월 청문회에서 알렉산더 베터빌드 전(前) 대통령 부보좌관은 '백악관 대통령 집무실에는 모든 대화가 자동으로 녹음되고 있다'는 사실을 폭로했습니다. 모든 대화가 자동으로 녹음됐다니, 대통령 집무실의 녹음테이프만 구하면 닉슨이 어떤 음모를 꾸몄는지 확인할 수 있었어요. 특별위원회는 백악관에 직접 테이프를 제출할 것을 요구했고, 테이프를 공개하라는 여론 또한 빗발쳤어요. 하지만 백악관은 국가 안보를 이유로 녹음테이프의 제출을 거절했습니다.

같은 해 10월 닉슨은 엘리엇 리처드슨 법무장관에게 수사를 진행하는 특별검사인 아치볼드 콕스를 해임하라는 압력을 가합니다. 수사를 끝낼 수 있도록 담당 검사를 아예 해임시켜 버리려는 속셈이었지요. 그러자 리처드슨은 닉슨의 명령을 거부하고 자진 사임해요. 닉슨은 다시 법무장관의 대행을 하게 된 윌리엄 란케르즈하우스 법무차관에게 콕스 검사를 해임하라고 명령했어요. 하지만 란케르즈하우스 또한 닉슨의 명령을 거부하고 사임했지요. 결국 대행의 대행이 된 로버트 보크 법무차관보까지 닉슨의 해임 명령이 내려왔고, 결국 보크 차관에 의해 콕스는 해임됩니다.

단 '하루' 만에 법무부장관이 두 번 바뀌고, 결국 콕스 검사가 해임되자 언론은 이 특별검사 해임 사건을 '토요일 밤의 대학살(Saturday Night Massacre)'이라고 부르며 닉슨의 권력 행사를 강력하게 비판했습니다. 토요일 밤의 대학살은 닉슨이 대통령을 사퇴하는 결정적인 사건으로 작용해요. 이후 미국에서 정치 스캔들이 터질 때마다 기사에서 이 문구가 인용될 정도로 유명한 사건이 되었지요.

청문회 이후 법무부장관, 법무부차관이 각각 사임하는 등 사건이 커지자, 닉슨은 같은 해 11월 플로리다 주 올란드의 기자 회견에서 다시 한 번 성명을 발표합니다. 닉슨은 기자 회견에서 '나는 사기꾼이 아닙니다(I'm not a crook)'라며 국민들에게 자신을 믿어 달라고 호소했어요.

하지만 닉슨은 기자 회견에서 말한 내용과 달리 백악관 대통령 집무실에 있는 녹음테이프의 공개를 계속해서 거부했지요. 녹음테이프만 공개하면 간단하게 오해에서 벗어날 수 있는데, 계속 거부를 하다니. 국민들은 무언가 찜찜한 구석이라도 있는 것인지 닉슨을 의심하게 되었고, 그에 대한 지지는 크게 떨어집니다. 여론의 비판이 커지자, 백악관은 할 수 없이 테이프를 공개합니다. 그런데 백악관이 공개한 테이프는 약 18분 30초 정도가 삭제되어 있었어요. 담당 검사는 이와 같은 행위는 명백한 증거 인멸로서 기소 대상이 된다고 판단했지요.

이 사건은 결국 연방 대법원에서 판결을 받게 됩니다. 1974년 7월 대법관들은 만장일치로 테이프를 제출하라는 판결을 내립니다. 대법관들은 '헌법은 대통령의 권한 한계를 분명하게 규정짓고 있는데, 미국 대통령이라고 해도 헌법 위에 존재하지 않는다. 대통령은 형사 재판에서 명백히 관련 있는 증거를 보류하기 위한 구실로 그 특권을 사용할 수 없다'고 판단한 것이지요.

이 판결에 따라 닉슨은 이 사건의 결정적 증거인 테이프를 검찰에 제출했어요. 그 테이프에는 범행 행위의 과정 등이 녹음되어 있었습니다. 충격적인 진실에 국민들은 닉슨에게서 등을 돌립니다. 그리고 닉슨 대통령을 탄핵하기 위한 소추 안건이 하원에서 가결됩니다.

미국의 대통령 탄핵 소추 절차는 우선 하원이 탄핵 소추안을 의결하면 상원이 탄핵 심판(trial of impeachment)을 진행하는 형식으로

이루어집니다. 상원에서 탄핵 심판이 가결되면 대통령은 탄핵되는 것이지요.

하원에서 탄핵 소추안이 가결되어 닉슨은 미국 헌정 사상 최초로 탄핵 소추를 받게 되었어요. 상원에서 다시 탄핵 심판의 의결 과정을 거쳐야 하나 닉슨은 상원에서 탄핵 심판을 받기 전인 1974년 8월, 대통령직을 사임하는 성명을 발표하고 제럴드 포드에게 자리를 넘겨 주었습니다.

닉슨이 사임하고 난 후에도 형사 책임을 물어야 하는 것이 아닌지 여러 의견이 분분했습니다. 그러나 닉슨에게서 자리를 넘겨받은 포드 대통령은 같은 해 9월 닉슨 대통령의 재임 기간 중에 있던 모든

백악관을 떠나는 닉슨 부부와 제럴드 포드 대통령 부부가 작별하는 모습

죄에 대해 특사(특별 사면)를 발표했고, 워터게이트 사건은 이렇게 일

단락되었습니다.

대통령에게는 어떤 권한과 역할이 있을까?

/

대통령 탄핵은 세상을 떠들썩하게 만드는 커다란 사건입니다. 한 나라의 대통령은 어떠한 역할을 맡고 있기에 대통령을 탄핵하는 것이 이렇게나 큰 사건인 것일까요?

일반적으로 민주주의 국가에서 대통령은 한 나라를 대표하는 국가의 원수(元首)이자 행정부의 수반(首班)입니다. 단어가 조금 어려우니 풀어서 설명해 볼게요.

민주주의 국가는 3권이 분리되어 있는데, 법을 만드는 '입법권', 법으로 판단하는 '사법권', 정책을 집행하여 나라의 살림을 꾸리는 '행정권'이 그것이에요. 입법권은 국회가, 사법권은 법원이, 행정권은 정부가 나누어 맡아 그 역할을 수행하며 서로 견제하고 균형을 유지하지요.

대통령은 대법원장, 헌법 재판소장과 같은 사람들에게 임명장을 수여하거나 다른 나라와 외교를 하는 등 한 나라를 대표하는 역할을 맡아요. 이를 국가의 '원수'로서의 역할이라 해요. 또한, 대통령은 행정부의 가장 높은 자리에 앉아 다른 행정부들, 이를테면 통일부, 외교부, 교육부, 보건복지부 등과 함께 정책을 집행하면서 나라의 살림을 꾸립니다. 이것이 바로 행정부의 '수반'으로서 대통령이 하는 역할이에요. 다시 말해, 대통령은 한 나라를 대표하면서 나라의 살림을 꾸리는 중요한 역할을 합니다. 이러한 역할 때문인지 대통령은 지켜야 할 책임과 의무가 커요. 헌법을 지켜야 하고, 나라가 어려움에 처하지 않도록 해야 하며, 만약 나라가 어려움에 처하는 경우에는 반드시 국민을 보호해야만 하지요.

우리나라의 헌법 제69조에는 대통령이 처음 취임할 때 다음 선서를 하도록 규정해 두었습니다.

< 나는 헌법을 준수하고, 국가를 보위하며, 조국의 평화적 통일과 국민의 자유와 복리의 증진 및 민족문화의 창달에 노력하여 대통령으로서의 직책을 성실히 수행할 것을 국민 앞에 엄숙히 선서합니다. >

만약 대통령이 이 선서의 내용을 지키지 못한 경우, 대통령은 헌법에 의해 탄핵 심판을 받을 수 있습니다.

우리나라의 탄핵 심판은 어떻게 이루어질까?

/

우리나라의 탄핵 심판 절차를 하나하나 알아보겠습니다. 우리나라의 헌법 제65조에는 대통령이 그 직무 집행에 있어서 헌법이나 법률을 위배한 때에 '국회'는 탄핵의 소추를 의결할 수 있다고 되어 있습니다. 미국이 하원에서 탄핵 소추안을 의결하는 것처럼 우리나라에서는 국회에서 탄핵 소추안을 의결합니다. 미국은 상원에서 탄핵 심판을 진행하지만, 우리나라는 헌법 기관인 헌법 재판소에서 탄핵 심

헌법 재판소 휘장
출처 : 헌법 재판소

판 등 헌법과 관련된 여러 재판을 진행합니다.

그렇다면 대통령이 어떤 잘못을 했을 때 탄핵 심판을 받게 되는 것일까요? 단순히 정치적으로 무능했다거나 정책 결정상 잘못했다고 해서 탄핵 소추의 대상이 되지는 않아요. 판례에서는, 대통령을 탄핵하기 위해서는 공직자 파면이 정당할 정도의 '중대한 법 위반'이 있어야 한다고 말하고 있습니다.

국회에서 탄핵 소추안이 의결되는 순간부터 대통령은 권한을 행사할 수 없게 됩니다. 대통령의 탄핵 심판은 국회 법제사법위원회의 위원장이 '소추 위원'이 되어 진행해요. 소추 위원은 헌법 재판소에 '소추 의결서'의 정본을 제출해 탄핵 심판을 요구합니다. 재판에서 소송을 제기한 원고와 소송을 당한 피고가 있는 것처럼, 탄핵 심판에서는 심판을 요구한 청구인은 소추 위원, 심판 청구를 당한 피청구인은 대통령이 되지요.

탄핵 심판은 헌법 재판소의 헌법 재판관 7명 이상이 출석해 사건을 심리합니다. 탄핵 결정을 하려면 헌법 재판관 6명 이상이 찬성을 해야 해요. 헌법 재판소에서는 탄핵 심판에 타당한 이유가 있다고 판단되면, 피청구인(대통령)을 해당 공직에서 파면하는 결정을 선고합니다. 만약 탄핵 심판에서 대통령의 탄핵이 결정되면, 대통령은 즉시 공직에서 파면됩니다. 그러나 탄핵되었다고 해서 대통령 개인의 민사, 형사상 책임이 면제되는 것은 아니므로 이후 민사, 형사 재판을 다시 받을 수 있습니다.

　우리나라에는 헌정 역사상 두 차례 탄핵 심판이 있었는데요. 헌법 재판소는, 노무현 대통령 탄핵 심판 사건에서는 타당한 이유가 없어 탄핵을 인정할 수 없다는 '기각' 결정을 내렸고, 박근혜 대통령 탄핵 심판에서는 대통령의 지위와 권한을 남용해 공정한 직무 수행을 하지 않았다고 판단하여 탄핵을 인정할 수 있다는 '인용' 결정을 내렸습니다.

　어느 나라가 되었든 간에 대통령을 탄핵한다는 것은 엄청난 사건임이 분명해요. 대통령을 탄핵 소추한다는 것은 한 나라의 대표로서 그 역할을 성실히 수행해 주기를 바라는 마음으로 뽑았던 대통령에 대해 국민들이 실망감을 표현하는 것이라 할 수 있습니다.

　저의 어린 시절에는 장래희망을 물어보면 '대통령'이라고 대답했던 학생들이 여럿 있었습니다. 한 나라를 대표하는 만큼 책임과 의무가 상당하다는 사실을 알게 된다면 선뜻 커서 대통령이 되고 싶다고 말할 수 있을까 싶기도 해요. 워터게이트 사건은 무거운 대통령의 역할에 대하여 다시 한 번 생각해 볼 수 있는 일이 아닐까 합니다.

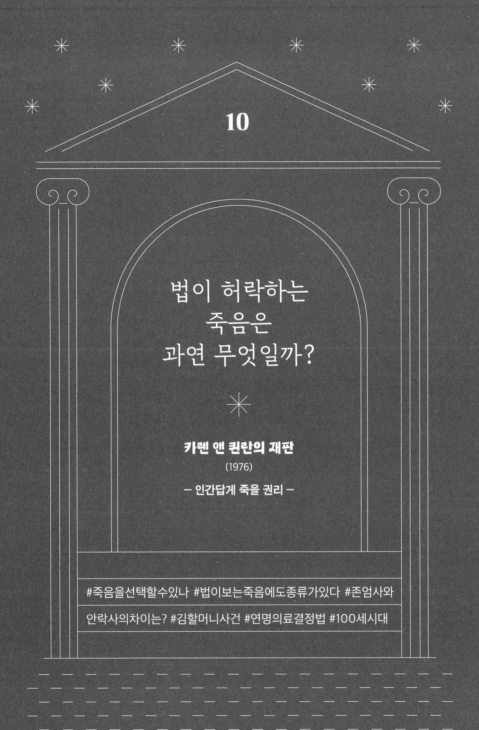

10

법이 허락하는
죽음은
과연 무엇일까?

✳

카렌 앤 퀸란의 재판
(1976)

― 인간답게 죽을 권리 ―

#죽음을선택할수있나 #법이보는죽음에도종류가있다 #존엄사와
안락사의차이는? #김할머니사건 #연명의료결정법 #100세시대

저는 중학교 3학년인 학생입니다. 아직 나이가 어려서인지 죽음에 관해 깊게 생각해 본 적이 없었는데, 최근에 본 영화의 내용이 너무 깊게 와 닿아서 이렇게 글을 쓰게 되었습니다.

영화의 주인공은 저와 같은 15살 소녀였습니다. 소녀는 할머니와 둘이 근근이 살아가고 있습니다. 소녀는 다리가 불편해서 학교에 다니지 않고 집에서 홀로 공부를 하고 있습니다. 가끔 사회복지사 선생님이 들러 주시지만, 소녀와 할머니는 삶의 대부분을 서로 도우며 해결하고 삽니다.

그러던 어느 날 할머니가 큰 교통사고를 당하게 돼요. 할머니는 바로 응급실로 실려 갔고, 큰 수술을 여러 번 받았지만, 식물인간 상태에 빠지고 말았습니다. 하나뿐인 가족을 잃은 소녀의 슬픔은 이루 말할 수 없었습니다. 다리가 불편한 소녀는 당장 먹고사는 것도 걱정이었습니다. 소녀의 생활비는 국가에서 도와준다고 해도 소녀는 혼자 생활해야 하니까요.

소녀는 할머니가 그립고 매일 보고 싶었지만, 다리가 불편하고 병원과 멀리 떨어진 곳에 살고 있어서 할머니를 만나러 가는 것조차 어려웠어요. 소녀는 그렇게 하루, 이틀 할머니를 그리워하며 잠이 들었고, 어느덧 2년이라는 세월이 지났어요. 소녀는 점점 쇠약해지는 할머니를 보며, 할머니가 살아 계실 때 이야기하던 말씀이 생각났어요.

'내가 혹시 숨만 쉬고 살아 있거든 그냥 하늘나라에 가서 네 엄마를 만날 수 있게 해주렴.'

소녀는 할머니의 소원을 들어주기 위해 담당 의사 선생님을 찾아가 할머니의 호흡기를 제거해 달라고 이야기를 해요. 하지만 의사 선생님을 이를 받아 주지 않았습니다. 호흡기를 제거하는 순간 할머니는 사망해 버리기 때문이지요. 결국 소녀는 할머니의 소원을 들어주지 못해요. 할머니를 병원에서 만나고 힘겹게 돌아오는 소녀의 뒷모습을 보여 주며, 영화는 끝이 납니다.

영화를 보는 내내 저는 가슴이 답답했어요. 그렇게 누워 계시는 할머니를 2년이 넘게 지켜보는 것 자체가 너무 힘들 것 같았어요. 어떻게 해야 소녀도, 할머니도 행복해질 수 있는 것일까요? 어떠한 상황에서도 죽음은 선택할 수 없는 것일까요?

*   *   *

"안타깝게도 식물인간 상태에 빠졌습니다."

TV 드라마 속 주인공에게 내려진 식물인간 선고에 가족들이 오열합니다. 식물인간이란, 대뇌의 손상으로 의식과 운동 기능이 상실되었으나 호흡과 소화, 흡수, 순환 등의 기능은 유지하는 상태를 말해요. 대화를 하거나, 책을 읽거나 하는 일상생활은 전혀 못하지만, 호흡과 소화 등을 하고 있어서 사망했다고 보기는 어려운 상태이지요. 드라마 속에서는 식물인간이 된 환자에게 가족들이 매일 찾아와 이야기를 들려주고, 책도 읽어 줍니다. 그렇게 몇 년이 흐르고, 기적적으로 환자가 의식을 찾아요. 가족들은 다시 돌아온 환자를 환하게 맞이하고 드라마는 행복하게 끝이 납니다.

하지만 우리는 드라마가 아니라 '현실' 속에 살고 있어요. 해피엔딩 드라마의 주인공처럼 사랑하는 가족이 다시 의식을 회복한다면 다행이지만, 만약 위 영화 이야기처럼 언제 끝날지 모를 막막함 속에서 살아야 한다면 어떨까요? 식물인간 상태로 오랜 기간 병상에 누워 있거나 그 가족은 병원 비용을 마련하기 어려워서 상당한 생활고에 시달린다면 과연 어떤 선택을 해야 할지 알 수 없을 것입니다.

이러한 환자들에 대한 여러 의견들이 대립하고 있습니다. 병상에 있는 환자들의 생명권, 인간의 존엄성 등 헌법상의 여러 기본권들이 얽혀 있기 때문이지요. 카렌 앤 퀸란(Karen Ann Quinlan) 재판을 통해 이러한 문제에 대해 어떤 결정을 내리는 것이 정의에 가까운 것인지 함께 알아보겠습니다.

사건 파일 일명, '법이 허락한 범위의 죽음에 들지 못한 죄'
카렌 앤 퀸란의 재판

/

1975년 4월, 당시 21세 대학생인 카렌 앤 퀸란은 기숙사 친구의 생일 파티에서 신경 안정제인 바륨을 복용한 채, 무심코 독한 술인 진(Gin)을 마신 후 갑자기 의식을 잃고 쓰러졌습니다. 카렌 앤은 급히 병원으로 옮겨졌지만 입원 기간 동안 의식이 돌아오지 않았어요. 5개월이 지난 어느 날 안타깝게도 그녀는 '지속적 식물인간 상태(Persistent Vegetative State)'라는 진단을 받았어요.

카렌 앤의 부모는 비록 딸이 의식은 없으나 지속적으로 생기는 합병증으로 고통 받을 것임을 알았고, 이것으로부터 편안하게 해주는 것이 부모가 해줄 수 있는 마지막 선택이라 생각했습니다. 카렌 앤의 부모는 독실한 가톨릭 신자였음에도 딸이 더 이상 고통받지 않도록 하기 위해 생명을 인공적으로 유지하는 '비정상적인 수단'을 제거해 줄 것을 병원에 요청했어요. 이 수단을 제거하면 실질적으로 카렌 앤은 사망하게 되는 것이에요.

당시 카렌 앤을 담당한 주치의 모스 박사는 퀸란 부부의 입장을 이해했지만 이 요청을 받아들일 수 없었습니다. 그것은 다음의 히포크라테스의 선서에 위배되는 행동이기 때문이었지요.

< 나는 설사 부탁을 받더라도 그 누구에게도 독약을 처방하지 않을 것이며, 환자에게 독약을 들라는 조언도 하지 않을 것입니다. >

주치의 모스 박사는 자신의 손으로 카렌의 생명을 유지하는 인공호흡기를 제거하는 것을 거부했습니다. 이에 퀸란 부모는 주치의 모스 박사 등 병원 주치의들을 상대로 소송을 진행했어요.

소송의 주된 내용은 카렌 앤이 '인간답게 죽을 권리'를 보장하라는 것이었습니다. 당시 이 재판은 의학, 윤리학, 법학 등 여러 학계의 관심을 불러일으켰습니다. 한 인간의 결정에 따라 다른 인간의 생명을 끊을 수 있게 하는 것이 과연 가능한 것인지에 관해 찬반론이 양립했어요.

카렌 앤의 부모는 폴 W. 암스트롱 변호사를 선임했고, 주치의들은 랄프 포르지오 변호사를 선임해 재판을 진행했습니다. 1심은 3개월에 걸쳐 진행되었는데, 결과는 퀸란 부부의 패소(敗訴,

카렌 앤 퀸란
Fair use,
https://en.wikipedia.org/w/
index.php?curid =7659862

재판에서 지는 것)였습니다. 패소한 이유는 사람이 인간답게 죽을 권리, 즉 회복할 가망이 없는 환자의 존엄성을 지키기 위해 생명을 인위적으로 단축시키는 '존엄사'에 대한 명확한 법적 기준이 없다는 것이었어요. 판사는 퀸란 부부가 딸에게 느끼는 연민에는 공감하지만, 혹시라도 카렌 앤이 회복될 가능성을 전혀 배제할 수 없다는 점에 무게를 누었습니다. 즉, 1심 판사는 카렌 앤이 아직 죽은 상태라고 말할 수 없기 때문에 생명 유지 장치를 제거하는 건 불가능하다고 본 것이지요.

2심에서 퀸란 측 변호사는 1심 때 생명 유지 장치를 제거할 수 있도록 해달라는 청구의 내용을 다음의 세 가지로 바꾸었습니다. 우선, 카렌 앤이 정신적으로 무능력하기 때문에 원고인 카렌 앤의 아버지

조 퀸란을 '후견인'으로 지정하고, 후견인에게 '신체 기능을 유지하기 위해 필요한 모든 비정상적인 수단을 제거할 권한'을 포함시켜 줄 것을 청구했습니다.

다음으로, 만약 위 청구가 받아들여지면 검찰이나 법원이 이 결정에 따르는 행위, 즉 생명 유지 장치를 제거해도 형사적 책임을 묻지 말 것을 청구했습니다. 마지막으로 위 두 가지 청구가 모두 받아들여지면, 의사들이 그 결정의 실행을 방해하지 말 것을 청구했어요.

퀸란 측 변호사는 판결에서 존엄사의 법적 기준이 없다고 지적한 것을 받아들여, 위 세 단계를 통해 법적 기준을 마련하고자 한 것입니다. 덧붙여 퀸란 측 변호사는 카렌이 호전되는 것은 현대 의학에서 거의 불가능하다는 점을 거듭 강조했어요. 생명 유지 장치를 제거하는 것은 카렌 앤의 기본권인 생명권을 앗아가는 행위가 아니라 오히려 환자의 존엄을 훼손하지 않도록 도와주는 방법이라고 주장한 것이지요.

이에 대해 주치의 측 변호사는 생명 유지 장치를 통해 충분히 신체 기능을 유지할 수 있는데, 이를 제거하는 행위가 범죄가 아니라고 할 수 있는지 반문했습니다. 그리고 이것은 '살인'이라는 강력 범죄임을 강조했어요. 만약 처음부터 생명 유지가 불가능한 환자여서 생명 유지 장치를 사용조차 하지 않았다면 의학적인 결정이라 하겠으나, 이미 생명 유지 장치를 사용하는 환자에게서 이를 제거한다는 것은 단순한 의학적 결정으로 볼 수 없다는 것입니다.

1976년 3월, 뉴저지주 대법원은 퀸란 부부의 손을 들어주었습니다. 수정헌법에 보장된 사생활 보호권의 관점에서 몇 가지 요건을 충족하면 생명 유지 장치를 제거해도 좋다는 판결을 내린 것이에요. 그 요건은 다음과 같습니다.

① 주치의가 카렌 앤이 혼수상태에서 회복해 의식을 되찾을 합리적 가능성이 없어 생명 유지 장치를 제거해도 된다고 판단할 것.

② 카렌 앤의 후견인과 가족이 이에 동의할 것.

③ 병원의 윤리위원회에 자문을 구할 것.

④ 이 윤리위원회에서도 동일한 결론을 내릴 것.

이 요건들을 충족하면 생명 유지 장치를 제거해도 민사, 형사상 처벌을 받지 않을 수 있게 된 것이지요.

카렌 앤의 아버지인 조 퀸란은 주치의와 함께 판결 2개월 후인 1976년 5월, 카렌 앤의 생명 유지 장치를 모두 제거했습니다. 놀랍게도 카렌 앤은 생명 유지 장치를 제거한 후에 스스로 호흡하기 시작했어요. 이후 9년간 스스로 호흡하며 생존하다 1985년 합병증인 폐렴으로 사망했습니다.

카렌 앤 퀸란 사건은 미국 법률 역사상 최초로 '인간답게 죽을 권리'를 보장한 사례가 되었습니다. 이 판결 이후 미국 내 의료 시설에는 윤리위원회가 잇달아 만들어졌고, 자문을 구할 수 있게 되었어요. 1997년 오리건 주는 미국 최초로 존엄사법을 제정해 시행했습니다. 현재 미국은 약 40여 개 주에서 환자 가족의 동의 등을 포함한 엄격한 조건을 충족하는 경우, 생명 유지 장치를 제거하는 방식의 존엄사를 허용하고 있다고 해요.

법이 보는 죽음에도 종류가 있다?!

/

카렌 앤 퀸란의 사건에서 인정된 '존엄사'와 비슷하면서도 혼동되는 개념들이 여럿 있습니다. 안락사, 자살 방조가 그것인데요. 존엄사와 비슷한 의미 같지만 법률에서의 판단은 전혀 다릅니다.

앞서 살펴본 존엄사(death with dignity)는 환자가 '소생 불가능한 단계'에 이르렀을 때 병세의 호전을 위해서가 아니라 현 상태로 조금이나마 더 목숨을 연명하기 위한 치료를 거부하고 자연적인 죽음을 맞도록 하는 것이에요. 카렌 앤 퀸란의 경우처럼 병세가 호전될 기미가 전혀 없고, 생명 유지 장치로 호흡하면서 연명하는 경우, 생명 유지 장치를 제거해 죽음에 이르도록 하는 것이지요. 이것은 '헌법에 근거'해 인간답게 죽을 권리를 인정한 것이어서 법을 위반한 게 아닙니다.

안락사(euthanasia)는, '불치병에 걸린 환자'에게 약물을 투여해 고통 없이 편안하게 죽음에 이르도록 하는 것이에요. 안락사는 다시 두 가지로 나뉘는데, 적극적 안락사(능동적 안락사)는 환자에게 독극물 투여 같은 방법으로 생명을 빼앗는 능동적인 행위를 하는 경우를 의미해요. 한편, 소극적 안락사(수동적 안락사)는 환자의 소생 가능성과는 무관하게 환자 가족의 요청에 따라 환자에게 필요한 의학적 조치를 하지 않거나 인위적인 생명 연장 장치를 제거하는 것을 의미하지요.

자살 방조는 안락사를 원하는 환자를 도와준 '의사'에게 해당하는

행위입니다. 만약 불치병 등에 걸린 환자가 고통 없이 죽고 싶다고 담당 의사에게 호소하여 담당 의사가 빠른 죽음에 이를 수 있도록 도와준다면, 우리나라의 형법상 자살 방조죄에 해당해요(형법 제252조 제2항).

안락사 자체를 '자살'하는 행위, 즉 불법으로 본다면 이를 도와준 의사도 자살 방조죄에 해당해 처벌을 받습니다. 안락사는 존엄사와 달리, 의식 없이 소생이 불가능한 상태가 아니라는 점에 차이가 있어

	적극적 안락사	조력 자살	소극적 안락사
스위스	X	O	O
네덜란드	O	O	O
벨기에	O	O	O
룩셈부르크	O	X	O
프랑스	O	X	O
캐나다	O	O	O
미국	'오리건, 워싱턴 등이 허용' 주마다 상이함	'오리건, 워싱턴 등이 허용' 주마다 상이함	O
콜롬비아	O	X	O

국가별 안락사 허용 현황

요. 그래서인지 위 〈국가별 안락사 허용 현황〉에서 보듯 국가별로 적극적 안락사, 소극적 안락사 중 하나만 인정하는 경우도 있고, 이를 조력하는 경우에도 처벌이 저마다 다릅니다.

그렇다면 우리나라는 존엄사, 안락사를 인정할까요? 이와 관련한 유명한 사건이 있는데, 이름하여 'ㄱ병원 사건'과 '김할머니 사건'입니다. 두 사건은 약 10년 정도 차이가 있는데요, 전혀 다른 재판 결과를 보여 줍니다. 먼저 ㄱ병원 사건부터 살펴보겠습니다.

1997년 어느 날, 한 남성이 술에 취해 화장실에 가다가 넘어져 머리를 다쳐 응급실에 실려 왔어요. 의료진은 뇌수술을 해서 혈종을 제거하였으나 뇌부종으로 자발적인 호흡을 할 수 없어 인공호흡기를 써서 치료를 받았습니다.

당시 남성은 빛에 반응했지만 스스로 호흡하지 못했기 때문에 만약 인공호흡기를 제거하고 퇴원하면 사망할 것이 분명한 상태였어요. 환자의 아내는 생활고로 더 이상 치료비를 부담하기 힘들다면서 의료진들에게 퇴원을 요구했습니다. 아내의 요구에 이틀 뒤 오후 2시 의료진은 퇴원할 경우 환자가 사망할 수 있다고 설명하고, 만약 사망하는 경우에도 법적인 이의를 제기하지 않겠다는 귀가 서약서에 서명을 받고 인공호흡기를 제거했어요. 그리고 수동 인공호흡기를 부착한 채 환자를 구급차에 실어 자택으로 향했습니다.

구급차로 집까지 옮긴 후 의료진은 수동 인공호흡기마저 제거하고서 환자를 아내에게 인도했어요. 5분 후 환자는 사망했습니다. 아내는 경찰에 변사자로 신고하면 장례비 지원을 받을 수 있다는 이야기를 듣고 경찰서에 변사 신고를 했습니다. 아내는 경찰에게 조사를 받았고, 아내가 퇴원 요구를 했다는 사실과 그 과정에서 의료진들이 퇴원 요구에 응했다는 사실이 드러납니다.

검찰은 아내를 '부작위에 의한 살인죄'로, 주치의와 레지던트를 '작위에 의한 살인 방조죄'로 각각 기소했습니다. 그 결과, 아내는 부작위에 의한 살인죄로 징역 3년, 집행유예 4년을, 주치의와 레지던트는 작위에 의한 살인 방조죄로 징역 1년 6개월, 집행유예 2년으로 유죄 판결을 받았어요.

부작위: 어떤 행위를 하지 않음으로써 범죄가 성립
작위: 어떤 행위를 하여 범죄가 성립

여기서 잠깐, 위에 등장한 법률 용어들을 살펴보겠습니다. '부작위(不作爲)'란, 어떤 행위를 해야 하는 자가 그 행위를 하지 않음으로써

범죄가 인정되는 경우를 말해요. 남성의 아내는 부부 간 '부양 의무'로 남성이 사망하지 않도록 어떤 조치를 취해야 하는 의무가 있는데, 그 조치를 취하지 않아 사망하게 했으니, '아무것도 하지 않아 사망하게 한' 살인죄가 성립합니다. '작위(作爲)'는 어떤 행위를 해서 범죄가 인정되는 경우를 말해요. 주치의와 레지던트는 아내의 요구를 받아들여 '환자를 퇴원시키는 행위'를 했고 이로 인해 남성을 사망하게 했기 때문에 작위에 의한 살인 방조죄가 성립하는 것이지요.

ㄱ병원 사건 이후에 한동안 존엄사에 대해, 이름만 존엄사이지 결국 살인에 불과하다는 부정적인 의견이 많았어요. 이 사건은 소생할 가능성이 있는 환자였기 때문에 이러한 판결을 받은 것이었지만, 당시 병원에서는 소생 가능성이 전혀 없는 환자도 퇴원 요구를 받아들이지 않았지요. 그리고 ㄱ병원 사건 이후 약 10년이 지나 김할머니 사건을 통해 우리나라에서도 존엄사를 인정하는 판결이 나오게 됩니다.

김할머니는 2008년 어느 날, 폐암 여부를 확인하기 위해 조직 검사를 받다가 과다출혈이 일어나 식물인간 상태에 빠졌습니다. 김할머니의 가족들은 김할머니가 평소 무의미한 생명 연장을 거부하고 자연스럽게 죽고 싶다고 밝혔음을 주장하면서 인공호흡기를 제거하고 품위 있게 죽을 수 있도록 해달라고 병원 측에 요청했지요. 하지만 병원 측은 '김할머니의 의사를 확인할 수 없고, 이것은 의사의 의무에 반하며, 형법상 살인죄 또는 살인 방조죄로 처벌받을 수 있다'며 이를 거부했어요.

이에 김할머니의 가족들은 병원을 상대로 김할머니에 대한 연명 치료를 중단해 줄 것을 청구했습니다. 이 사건은 대법원까지 가게 되고, 대법관들은 헌법 제10조의 인간으로서의 존엄과 가치 및 행복추구권에 기초해 자기 자신이 행복해지기 위해 죽음을 선택하는 것이라면 연명 치료를 중단할 수 있다고 판단했습니다.

대법원은 김할머니 사건에서 존엄사를 인정하긴 했지만, 그 요건은 상당히 까다로웠습니다. 환자는 미리 의료인에게 연명 치료를 거부 혹은 중단하겠다는 의사를 밝혀야 합니다. 만약 이런 의사를 미리 밝히지 못했던 상황이라면, 환자의 평소 가치관이나 신념 등에 비추어 연명 치료를 중단하는 것이 환자의 이익에 맞는다고 판단되는 경우여야만 했지요. 환자가 단순히 평소에 연명 치료를 중단하기를 바랐을 것이라는 정도로는 존엄사를 인정할 수 없다고 보았습니다.

김할머니 사건에서는, 김할머니가 3년 전 남편이 임종할 당시 남편의 생명을 며칠 더 연장할 수 있는 기관 절개술을 거부하고 그대로 임종을 맞게 하면서 "내가 병원에서 안 좋은 일이 생겨 소생하기 힘들 때 호흡기를 끼우지 마라. 기계에 연명하는 것은 바라지 않는다"고 말했던 점을 들어 연명 치료를 중단하려는 의사가 있었을 것이라고 판단했어요.

판결에 따라 2009년, 김할머니의 인공호흡기는 제거되었습니다. 퀸란과 마찬가지로 김할머니는 스스로 호흡을 하며 생존하다가 약 200여 일이 지난 2010년경에 사망했습니다.

김할머니 사건 이후에 안락사, 존엄사에 대해 사회 전반에서 많은

논의가 일어났습니다. 그 결과, 연명 치료에 관한 특별법 제정의 필요성이 떠올랐어요. 2016년 '연명 의료 결정법', 이른바 '존엄사법'이 제정되었고 2018년 시행되었어요.

그러나 여전히 이 법이 시행되는 것에 대해 우려를 표하는 사람들도 있습니다. 의학의 발전으로 생명 연장 기술이 좋아지고 있는데

'어디까지 치료할지'를 누가, 어떻게 결정할 것이냐는 거죠. 당장 오늘은 치료할 수 없는 질병이나 몇 년 뒤에 치료할 수 있는 질병이라면 오늘의 연명 의료를 중단하는 결정을 후회하게 될 수도 있다는 것입니다.

이처럼 법의 시각에서는 죽을 권리에 대해 아직도 많은 고민과 논의가 필요해 보입니다. 의료와 과학이 발전함에 따라 앞으로 존엄사뿐만 아니라 안락사와 관련해서도 법학, 의학, 윤리학적 관점에 따라 다양한 논의가 이루어져야 할 것입니다.

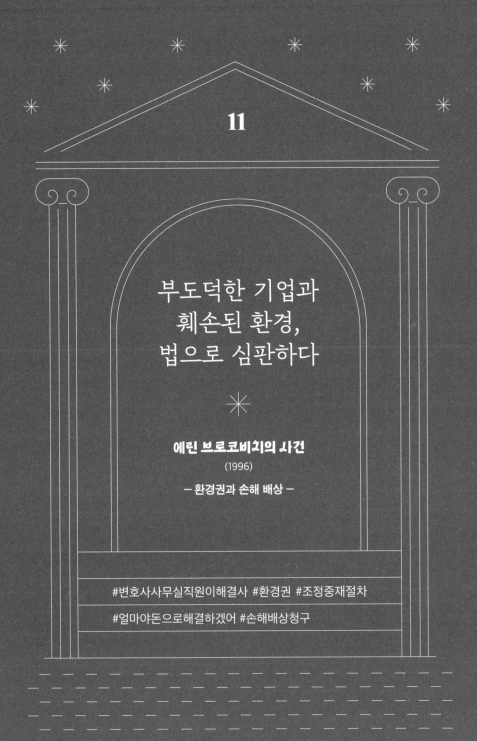

11

부도덕한 기업과 훼손된 환경, 법으로 심판하다

✳

에린 브로코비치의 사건

(1996)

− 환경권과 손해 배상 −

#변호사사무실직원이해결사 #환경권 #조정중재절차

#얼마야돈으로해결하겠어 #손해배상청구

저는 최근 새로운 동네로 이사를 왔어요. 신도시라 그런지 깨끗한 도로, 새로 지은 학교, 잘 정돈된 공원까지 동네의 분위기가 정말 마음에 듭니다. 학교가 끝나 집에 돌아가던 어느 날, 동네 한구석에서 시끄러운 시위 소리가 들렸습니다.

"한적한 전원 마을에 화학 공장이 웬 말이냐!"

"아이들의 건강은 누가 책임질 것인가?"

"공장 허가를 내준 공무원들은 반성하라!"

많은 사람들이 확성기로 이런 구호를 외치고 있고, 공장을 지으러 온 건설사 직원들과 몸싸움을 벌이고 있었습니다. 무리들 중에는 저희 부모님도 계셨어요. 공장이 생기는 위치의 근처 아파트 주민들과 공장 설립을 막기 위해서 나오신 거예요. 서로 몸싸움을 벌이기도 하고 고성이 오고 갔어요. 결국 경찰이 출동했고, 시위는 그렇게 일단락되었습니다. 하지만 다음 날 아침이 밝자마자 시위가 시작되었습니다. 공장이 설립되는 것도 문제이지만, 당장 동네의 시위 소음도 문제가 될 지경이었습니다.

솔직히 저는 '공장을 짓는 것을 이렇게 시위한다고 막을 수 있을까?'라는 회의가 들었어요. 기업은 이미 공장을 짓는 허가를 받았을 것이고, 이 허가가 있다면 공장을 못 짓도록 막을 방법은 없지 않을까요. 그렇다면 아무런 문제가 없다는 공장 측의 말만 믿고 살아야하는 걸까요? 행복했던 제 일상은 이대로 깨지는 것일까요?

*　*　*

지금 우리는 옛날보다 훨씬 더 '환경'에 대한 중요성을 느끼고 있습니다. 화석 연료를 사용하는 산업들이 우리가 사는 지구의 환경을 심각하게 오염시켰고, 그에 따라 지구 온난화와 기후 위기가 우리 삶에 각종 위험을 몰고 왔습니다. 해수면 상승, 이상 기후, 다양한 바이러스의 출몰 등 환경에 관한 이슈는 셀 수 없을 정도예요. 이제 지구의 환경을 위해 엄청난 노력을 기울이지 않는다면 인간의 생존은 장담할 수 없을 정도로, 환경은 우리의 삶과 직접 관련이 있습니다.

환경 문제가 세계적인 사회 문제로 떠오르면서, 이들과 관련된 각종 소송들도 늘고 있습니다. 그중 환경 사건 중에서 가장 큰 승리를 얻어 낸 재판을 한번 살펴보려고 합니다. 사건의 주인공들은 힝클리 지역 주민들과 PG&E라는 거대 기업이지만, 이 재판은 에린 브로코비치(Erin Brockovich)의 사건으로 더 알려져 있습니다. '에린 브로코비치'라는 제목으로 제작된 영화만 보더라도 에린 브로코비치라는 인물이 이 사건에서 차지하는 비중이 얼마나 큰지 알 수 있지요.

이 사건은 환경과 공생보다는 이익만을 추구하는 거대 기업과 맞서 싸운 한 개인, 즉 에린 브로코비치의 분투가 담겨 있습니다. 한 법률 사무소의 일개 보조 직원일 뿐이었던 에린 브로코비치. 그녀는 대체 어떻게 거대 기업에 맞서 승리를 쟁취해냈을까요?

사건 파일 일명, '환경과 건강을 해치고 돈으로 무마하려 든 죄'
에린 브로코비치의 사건

/

1993년 에린 브로코비치는 에드 매스리 법률사무소의 임시 계약직 직원이었습니다. 그리고 그녀는 이혼한 뒤 두 아이를 홀로 키우는 싱글맘이었지요. 매스리 변호사는 에린에게 프로보노(Pro Bono, 각 분야의 전문가들이 사회적 약자를 돕는 활동) 부동산 사건의 파일을 정리하는 일을 맡겼습니다. 에린은 부동산 파일을 정리하던 중에 진단서, 진료 기록, 진료비 청구서 등 부동산과 전혀 관련 없는 서류를 발견했어요. 에린은 동료 직원에게 부동산 파일에 왜 진단서 같은 서류들이 섞여 있는지 물었지만, 특별한 대답을 들을 수는 없었지요.

에린은 이 사건을 조금 더 조사해 보기로 합니다. 그녀는 사건이 일어난 캘리포니아 힝클리(Hinkley) 지역을 방문해서 진료 기록의 당사자 중 한 명을 만났어요. 그 여성은 대기업 PG&E가 공장 주변의 주민들에게서 제법 좋은 가격으로 땅과 집을 사들이고 있다고 말했어요. 그리고 부부는 아주 오래 전부터 암에 걸려 투병하고 있으며, 그 진료비는 모두 PG&E가 내고 있다는 이야기를 했지요.

에린은 의문이 들었습니다. PG&E 같은 거대 기업이 왜 시세보다 좋은 가격으로 공장 주변의 땅과 집을 사는 걸까요? 또 주민들의 치료비를 전액 부담하는 이유는 무엇일까요? 단순히 PG&E가 좋은 기업이어서 그랬다고 보기에는 무언가 의심을 떨치기 어려웠습니다.

PG&E의 행동이 이상하다고 생각한 에린은 힝클리 주민의 진료 카드를 검토했습니다. 그리고 이들의 진료 카드에 공통적으로 기록된 '헥사 크롬'이라는 중금속에 관해 조사를 시작했지요. 에린은 '헥사 크롬'이 인체에 유해한 것인지 한 대학교수를 만나 자문을 구했어요. 대학교수는 헥사 크롬이 인체에 암 등을 유발시킬 수 있다고 했고, 해당 지역의 수도국에 가서 확인해 보라고 이야기해주었어요.

사실 PG&E는 공장 터빈 내부의 녹이 생기는 걸 막고자 헥사 크롬을 사용했던 것입니다. 이 사실을 알게 된 힝클리 지역의 수도국은 PG&E에게 크롬을 사용하는 걸 중지하라는 명령을 내린 적이 있었습니다. 에린은 여러 문서들을 검토하다가 바로 이 증거를 찾게 돼요. 에린은 매스리 변호사에게 PG&E가 6가 크롬(hexavalent chrome, CR-6)을 사용했고, 힝클리 지역의 수돗물에 든 중금속 함유량이 발암 위험 수준을 훨씬 넘어섰다는 사실을 알렸습니다. PG&E가 지역 주민들에게 호의 아닌 호의를 베푼 것은 바로 이런 사실을 숨기기 위해서였던 것이지요.

에린은 매스리 변호사에게 힝클리 지역 주민들을 위해 PG&E를 상대로 소송을 제기하자고 했습니다. 그러나 매스리 변호사는 PG&E가 대기업이어서 자신 같은 동네 변호사가 맡을 사건이 아니라며 거절했어요. 매스리 변호사의 자신 없는 태도에도 불구하고, 에린은 힝클리 지역의 주민들을 일일이 만나 소송을 진행하도록 설득했어요. 그런 에린의 모습을 본 매스리 변호사는 결국 소송을 맡기로 결정합니다.

매스리 변호사가 사건을 맡긴 했지만, PG&E라는 거대한 대기업을 상대로 소송을 하는 것은 만만치 않았습니다. 주민들이 걸린 암이 정확히 어느 정도의 암인지, 암으로 인해 얼마나 생명이 단축되었는지 등을 알아보는 감정 비용도 엄청났고 힝클리 지역의 수돗물과 PG&E를 조사할 조사 인원들도 필요했습니다. 소규모 법률 사무소에서 진행하기에는 벅찬 일들이 많았지요.

그럼에도 에린은 힝클리 주민들을 한 명씩 만나 그들의 사연을 경청하고, 이번 사건에서 반드시 자신이 도움을 드릴 것이라고 알렸습니다. 그녀가 얼마나 많은 피해자들을 만났는지, 그들의 가족 관계, 사연, 전화번호를 바로 외워서 말할 수 있을 정도였지요.

에린이 진심으로 힝클리 주민들의 배상을 위해 힘쓴다는 사실이 알려지면서 원고들의 수는 점점 늘어났습니다. 매스리 변호사는 자신 혼자 이 사건을 감당하기 어려울 것이라는 판단에 대형 로펌의 파트너와 손을 잡았어요. 그리고 소송이 아닌 '중재' 절차를 거쳐 사건을 해결하는 것으로 방향을 바꿨습니다.

중재는 중재인으로부터 사건을 해결할 수 있는 적절한 안을 제안받고, 이 제안에 따라 원고, 피고가 사건을 종결하는 것을 말합니다. 재판을 거쳐 판결을 받기보다는 당사자들에게 선택의 자유를 주어 각자 원하는 안을 제시하도록 한 뒤, 중재인이 두 의견을 절충해 중재안을 제시하고, 원고와 피고는 이 중재안에 따라 사건을 마무리하는 것이지요(자세한 설명은 뒤의 조정, 중재 절차에서 알아보겠습니다).

중재를 진행하려면 주민들의 90% 이상의 동의를 얻어야 했습니다. 힝클리 지역 주민들은 에린을 믿고 있었기 때문에 원고들 모두의 동의를 얻을 수 있었습니다.

중재를 진행하더라도 원고와 피고 중 누가 더 강력한 증거를 가지고 있느냐에 따라 중재안이 달라질 수 있었습니다. 당시 매스리 변호사는 PG&E가 6가 헥사 크롬을 사용했다는 직접적인 증거를 아직 확보하지 못한 상태였어요. 그 때문에 PG&E에게 우위를 주장하기 어려운 상황이었지요. 하지만 에린의 노력에 하늘이 답한 것일까요? 에린은 이러한 판세를 완전히 뒤집을 수 있는 증인을 만나게 됩니다.

증인은 힝클리 지역에서 PG&E의 냉각탑 청소를 맡은 기사의 동생이었습니다. 그는 자신과 형이 모두 PG&E에서 근무했고, 형이 냉각탑 청소를 하고 나오면 마스크가 코피로 붉게 물들 정도였다고 진술했어요. 또한 PG&E는 자신에게 회사의 기밀 서류를 모두 파기하라는 지시를 내렸는데, 무언가 석연치 않다고 생각해 서류 중 일부를 보관하고 있다는 이야기를 했지요.

에린은 그에게서 PG&E의 기밀 서류를 받았습니다. 그 서류에는 PG&E 본사가 1966년경부터 이미 마을의 수돗물이 중금속으로 오염되었음을 알고 있었음에도 대책을 세우지 않았다는 내용이 들어 있습니다. 이후 중재 사건은 당연히 힝클리 주민들에게 유리한 방향으로 진행되었습니다.

1996년 중재 법원은 'PG&E는 마을 주민들에게 당시 미국 역사상 최고의 손해 배상금인 총 3억 3,300만 달러를 배상하라'는 중재 판정을 내렸습니다. 이 판결로 힝클리 지역 주민들은 평생 치료비뿐만 아니라 그동안 받은 고통을 배상받을 수 있게 되었습니다. 그뿐만 아니라 에린도 매스리 변호사로부터 보너스 250만 달러를 받아 새로운 삶을 시작할 수 있게 되었지요.

우리는 환경에 대해 어떤 권리를 가지고 있을까?

/

힝클리 지역의 주민들이 거액의 배상을 받은 이유는 무엇이었을까요? 이것은 환경권, 즉 건강하고 쾌적한 환경에서 살 권리가 헌법에 보장되어 있기 때문입니다. 미국의 헌법에서 환경권을 규정하는 것처럼, 우리나라에서도 헌법 제35조에 '모든 국민은 건강하고 쾌적한 환경에서 생활할 권리를 가진다'고 규정되어 있습니다.

헌법에서 말하는 쾌적한 환경에는 반드시 푸른 숲과 들판, 산과 같은 자연환경만 포함되는 것이 아닙니다. 힝클리 주민들처럼 주거지 근처에 있는 공장들과 같은 위해 시설, 맨 앞의 사례에서 말한 아파트 근처에 생기는 공장들, 조망이나 일조를 가리는 건물들, 항공기가 날아다니는 시끄러운 환경 등이 모두 포함되지요. 정리해 보면, 환경권에서 말하는 환경이란 자연환경뿐만 아니라 인공 환경 예컨대 도로, 공원, 교육, 의료 같은 환경이 모두 들어갑니다.

환경권과 관련하여 우리는 어떤 권리를 누릴 수 있을까요? 판결에서 인정하는 권리로는 공해 예방 청구권, 공해 배제 청구권, 생활 환경조성 청구권, 쾌적한 주거 생활권 등이 있습니다.

우리가 가진 환경에 대한 권리를 모두 누릴 수 있다면 얼마나 좋을까요? 하지만 현실에는 이 권리에 대해 여러 충돌이 일어납니다. 예를 들어, 지역 주민들 간의 갈등 문제도 그중 하나가 될 수 있어요. 흔히 '님비(NIMBY, Not In My Backyard 내 뒷마당엔 안 돼!)'라고 불리는 이 현상은 지역 주민의 환경권을 보장하기 위해 핵폐기물 처리 시설, 화장장, 쓰레기 소각장, 교도소 같은 주민이 기피하는 시설을 설치하는 걸 반대하는 것을 말해요. 어떤 지역에 교도소를 설치하려 했는데 주민들의 반대로 무산되었다는 기사, 발전 시설이나 쓰레기 소각장을 자신의 주거 지역에 짓지 않게끔 시위하는 기사 등을 보면 이런 갈등이 끊이지 않는다는 것을 알 수 있지요.

반면 님비와는 반대로 수익성이 있는 시설이나 사업을 자신이 사는 지역에 유치하려는 현상도 있습니다. 바로 '핌피(PIMFY, Please In My Front Yard 내 앞마당으로 와 줘!)' 현상입니다. 신 공항을 만들거나 공공 기관의 이전, 산업 단지 조성처럼 지역에 이익이 되는 시설을 서로 유치하고자 지역 간에 무한 경쟁을 펼치는 것이지요.

우리나라는 지방 자치 제도로 운영되어 각 지역의 자치 단체들이 지역의 일을 처리합니다. 서울시는 서울시청이, 경기도는 경기도청 같은 지방 행정 기관(시청, 도청 등)이 각 지역의 살림살이를 운영하며 각 지역의 이익을 도모하는 방향으로 스스로 결정하지요.

지방 자치 제도는 주민들이 각 지역의 발전을 위해 주체적으로 운영해 나갈 수 있다는 장점이 있지만, 한편으로는 님비와 핌피 현상이 생겨나 지역 이기주의가 팽배해질 수 있다는 단점도 있어요.

실제로 우리나라뿐만 아니라 세계 여러 나라에서 님비, 핌피 문제가 발생하고 있어요. 이러한 문제를 해결하기 위한 여러 방안이 마련되고 있습니다. 예를 들어, 쓰레기 소각장을 다른 지역에서는 볼 수 없는 매우 독창적인 어린이 놀이터로 건축하기도 하고, 기피 시설이 들어서는 지역에는 지역 자체가 아니라 주민들에게 직접 보상금을 지급해 주거나, 세금을 감면해 주는 등 적절한 보상을 해주는 방식입니다.

환경권은 그 지역에 사는 주민들이 공통적으로 누리는 기본권이라서 님비와 핌피 같은 사회 현상이 생길 수 있습니다. 어떤 선택을 하는 것이 모두에게 이익이 되는지를 판단하기는 쉽지 않아요. 우리 지역만이 아니라 다른 지역들과 함께 상생할 수 있는 방안과, 발 빠른 정부의 정책이 필요합니다.

재판을 받지 않고도 법으로 갈등을 해결할 수 있다면?

/

에린 브로코비치 사건에서는 사건을 종결하는 방법으로 '중재'를 선택했습니다. 중재 절차가 무엇이기에, 저렇게 큰 금액의 사건을 법원의 판결을 받지 않고도 마무리 지을 수 있었을까요? 중재 절차를 이해하기 위하여, 중재와 비슷한 절차인 '조정'을 예로 들어 설명해 보겠습니다.

TV 드라마에서 이혼에 관한 장면이 나올 때 '조정한다'는 표현이 자주 나옵니다. 그래서 흔히 '조정'한다고 말하면 '원하지도 않는데 합의하라는 것인가' 하는 의문이 들 수도 있어요. 소송을 통해 판사에게 제대로 된 판결을 받고 싶은데, 얼렁뚱땅 화해하라는 것 같다는 생각이 들 때도 있고요. 하지만 법원에서 이루어지는 조정은 화해만을 위한 절차라기보다는 소송을 하기 전에 당사자들이 대화를 나누어 사건을 이해하고, 자신에게 유리한 방향이 있다면 취사선택해 볼 수 있는 절차라고 생각해요.

조정과 중재는 ADR(소송 이외의 분쟁 해결 제도, Alternative Dispute Resolution)의 하나로, 법원에서 원고, 피고로 소송을 하는 것이 아니라 양 당사자 간에 사건을 해결하는 방식이에요. 조정은 당사자 한쪽 또는 양쪽이 요청해 제3자를 조정자로 선임하고, 제3자에게 분쟁의 해결 방안을 제시해 줄 것을 부탁합니다. 제3자의 조정안에 대해 양 당사자가 동의해야만 분쟁이 해결됩니다.

중재는 그 절차가 조정과 동일하지만, 반드시 '쌍방이 요청'해야 신청할 수 있어요. 중재인에게 양 당사자의 판정을 맡기고 중재인이 판정하면, 양 당사자가 동의하는 절차 없이 '바로' 받아들여서 분쟁을 해결하는 방식입니다. ('에린 브로코비치의 사건'에서는 중재 절차를 활용했습니다).

조정 절차는 사건을 간단하고 편리하게 마무리 지을 수 있다는 장점이 있어요. 소송으로 판결을 받기 위해서는 원고와 피고가 자신의 주장을 정리하여 서면으로 내야 하고, 법관은 이것을 검토하는 시간이 필요합니다. 하지만 조정은 당사자가 조정일에 만나 서로 의견을 교환하면서 조정안을 이끌어 낼 수 있고, 조정일 당일에 합의를 하면 대법원에서 확정 판결을 받은 것과 동일한 효력으로 사건을 조기에 종결시킬 수 있지요.

많은 사람들이 잘 모르지만, 우리나라 법원에는 민사 소송을 청구하는 것 말고도 민사 조정을 신청하는 절차도 따로 두고 있어요. 민사 조정에서는 조정 담당 판사 또는 법원에 설치된 조정위원회가 분쟁 당사자에게서 주장을 듣고 여러 사정을 참작해 조정안을 제시합니다. 서로 양보와 타협을 거쳐 합의하게 함으로써 분쟁을 평화적이고, 간단하고, 빠르게 해결할 수 있지요. 민사 소송보다 소송 비용이 1/10로 줄어들고, 법정이 아닌 편안한 조정실에서 대화를 나눌 수 있어서 평화로운 분위기에서 사건을 마무리 지을 수 있어요.

에린 브로코비치 사건처럼 미국에서는 조정, 중재 절차로 많은 사건을 해결합니다. 우리나라도 특허, 상사, 언론, 의료 같은 특별한 사건의 경우에 조정, 중재 제도를 적극적으로 활용합니다. 그러나 민사 분야에서는 조정, 중재 제도를 몰라서 활용하지 못하는 경우들이 많아요. 흔히 사람들은 '법대로 하자'고 하면, 법원에서 재판을 받는 것을 의미한다고 생각하거든요. 하지만 앞으로는 조정, 중재 절차를 점차 많이 활용할 것이라고 예상해요. 사람들의 법적 지식이 높아지면서 스스로 자신에게 올바른 것을 선택하고 사건을 마무리할 힘이 생겼기 때문이지요.

우리가 사는 세상에는 손해 배상 사건이 넘쳐난다

/

환경권을 침해당했을 때처럼 자신에게 어떤 피해가 생겼을 때, 우리는 민사상 손해 배상을 청구할 수 있어요. 사실 손해배상법은 생각보다 복잡합니다. 제대로 알려면 며칠 동안 머리를 싸매고 공부해야 하지만, 여기서는 최대한 쉽고 간단하게 살펴보겠습니다.

우리가 복잡한 손해배상법을 반드시 알아야 하는 이유는, 개인과 개인 사이에 생기는 사건(흔히 '민사 사건'이라 합니다)들 가운데 손해 배상과 관련한 사건이 많기 때문입니다. 교통사고가 나거나, 누군가의 어떤 행위로 인해 다치거나, 물건을 망가뜨리는 등등 피해가 발생했을 때, 우리는 피해를 일으킨 사람을 상대로 손해 배상을 청구할 수 있습니다.

여기서 첫 번째 의문이 듭니다. 손해 배상을 청구하면 무조건 힝클리 주민들과 같이 거액의 손해 배상금을 받을 수 있을까요? 정답은 당연히 '아니요'입니다. 우선, 손해 배상의 대상에 해당하는지를 먼저 따져 봐야 하고, 그 다음으로 어느 정도 손해가 발생했는지 그 액수를 따져 봐야 합니다. 손해 배상금을 산정하는 것은 쉽지 않아요. 실제 피해를 본 당사자가 생각하는 손해와 법에서 정한 손해 사이에 간극이 상당하기 때문입니다.

우리나라는 민법 제750조에 '고의 또는 과실로 인한 위법 행위로 타인에게 손해를 가한 자는 그 손해를 배상할 책임이 있다'고 하여 손해 배상 책임을 규정했습니다. 말이 무척 어려워 보이지만, 누군가에게 나쁜 의도 혹은 실수로 위법 행위를 저질러 손해가 생기면 그 손해를 배상해 줘야 한다는 내용이에요.

글 처음에 나온 사례로 돌아가 화학 공장에 대해 손해 배상을 청구할 수 있는지 알아볼까요? 아파트 앞에 화학 공장을 건축해 아파트 주민들에게 소음, 화학 폐기물로 인한 피해 등이 발생했다고 가정해 볼게요. 화학 공장이 이러한 내용을 알았다면 '고의'이고, 모르고 건설했다면 잘 알아보지 못한 '과실'입니다. 아파트 주민들에게 피해가 생기게 했으니 일단 손해 배상 청구의 요건에 해당한다고 볼 수 있어요.

반면 우리가 만약 화학 공장을 대리하는 변호사라면 어떻게 할까요? 주민들의 청구가 손해 배상 요건에 해당하지 않는다며 다투겠지요. 이를테면 '화학 공장의 폐기물은 무해하다.', '아파트를 건설하기 전부터 화학 공장은 설립될 예정이었다.'와 같은 항변을 펼칠 수 있겠네요.

손해 배상의 요건들에 들어맞아 손해가 인정되면 이제는 얼마를 배상해야 하는지를 계산해야 합니다. 손해는 적극적 손해, 소극적 손해, 위자료의 세 가지로 나누어 항목별로 계산하고 마지막에 이를 모두 더해 총액을 냅니다(손해 3분설).

첫 번째, 적극적 손해란 '가해 행위로 인해 이미 가진 재산에 감소가 생기는 것'을 말합니다. 일반적으로 병원 치료비, 파손된 차량 등을 고치는 수리비 등이 적극적 손해 배상에 해당합니다. 예로 든 사건에서는 화학 공장이 지어진 이후로 피부병이 생겨 병원에서 치료

적극적 손해   소극적 손해   정신적 손해

를 받았을 경우에 든 치료비 등이 될 수 있겠네요.

　두 번째, 소극적 손해란 '얻을 수 있었던 이익을 얻지 못한 경우에 생긴 손해'를 의미합니다. 손해 배상금 중에서 가장 중요한 비중을 차지해요. 어떤 가해 행위로 인해 회사를 출근할 수 없게 되었다든지, 장해가 생겼다든지 해서 앞으로 정상적인 생활이 불가능한 경우, 피해자가 미래에 받을 수 있는 소득 등을 미리 산정해서 지급하는 것이에요. 예컨대 교통사고로 다리에 장해가 생겨서 앞으로 평생 장해만큼 일을 할 수 없다면, 노동할 수 있는 나이까지 그 장해 때문에 받지 못하는 돈(소득)을 손해로 인정해요.

　마지막으로 정신적 손해란 '재산, 신체에 생긴 손해로 인해 고통, 슬픔 등 정신적으로 받은 손해'를 의미합니다. 흔히 '위자료'라고 하며 법관의 재량에 따라 금액이 산정됩니다. 그러나 판례 등으로 그 기준이 마련되어 있기 때문에 위자료의 범위가 크게 차이 나는 경우는 거의 없습니다. 다만, 최근에는 사이버 명예 훼손 같은 새로운 종류의 손해 배상 청구가 늘고 있어 상황마다 위자료를 어느 정도로 산정해야 하는지에 관해 새로운 기준이 더해지고 있습니다.

민사 사건에서 손해 배상금을 계산할 때마다 이런 생각이 듭니다. 돈으로 모든 것을 배상하기는 사실상 불가능하고, 사실 제일 좋은 배상 방법은 손해가 없던 시절로 되돌리는 것이라고 말이지요. 과학 기술이 발전하면 시간을 되돌리는 신박한 손해 배상 방법이 등장할지 모르겠습니다만, 당분간은 돈으로 계산하는 수밖에 없을 것 같습니다. 각자의 재산과 안위를 지키기 위해 자신에게 발생한 손해가 어느 정도인지, 그 계산법은 어떤 것인지를 정확히 알고 대처하는 것이 필요합니다.

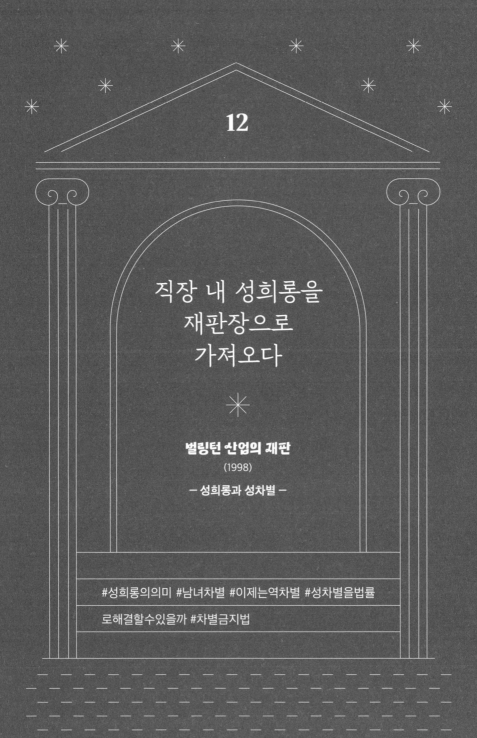

12

직장 내 성희롱을 재판장으로 가져오다

✳

벌링턴 산업의 재판

(1998)

— 성희롱과 성차별 —

#성희롱의의미 #남녀차별 #이제는역차별 #성차별을법률
로해결할수있을까 #차별금지법

저는 꿈이 방송국에서 일하는 것이어서 방송반 활동을 꼭 해보고 싶었어요. 그런데 방송 반에 들어간 뒤에 생각지도 못한 악몽 같은 날들이 시작되었습니다. 방송반의 선배들 중 A선배가 저를 볼 때마다 친한 듯이 어깨나 등을 툭툭 치고, "왜 내가 보낸 DM 확인 안 해?" 하면서 마치 사귀는 사이인 것처럼 이야기를 하는 거예요.

주변 사람들이 저와 A선배의 사이를 오해하기 시작했고, 별 생각이 없던 저는 점차 그런 상황이 부담스러워지게 되었어요. 어깨나 등을 툭툭 치는 것도 처음에는 친하게 지내고 싶어서 친근하게 표현하는 것이라고 생각했는데, 주변에서 저와 A선배 사이를 마치 사귀는 것처럼 오해하자 불쾌하게 느껴졌습니다. 제가 제대로 싫다는 표현을 하지 않아서인지 A선배의 그런 행동이 점점 늘어나는 것 같았고, 어떻게 할지 몰라 혼자 고민만 깊어 갔어요. 그러다 주변 친구들에게 조심스럽게 이런 고민을 이야기해 보았는데, 다들 "A선배랑 잘해 봐."라고 하면서 대수롭지 않게 생각하는 것 같았습니다.

저는 고민 끝에 상담 선생님께 이 문제를 말씀드렸는데요, 선생님은 이를 괴롭힘으로 볼 수 있을지 아닐지 좀 더 알아보고 판단해야 할 것 같다고 말씀하셨습니다. 남학생이 이런 고민을 털어놓는 경우가 별로 없는 데다가, 상대가 툭툭 치는 정도로 괴롭힘을 당한다고 보기가 어려운 것 같았어요. 하지만 저는 매일 괴로운 날들을 보내고 있어요. 누구도 심각하게 생각하지 않는 것 같아서 답답하고요.

꼭 해보고 싶었던 방송반 활동도 그만두고 싶어질 정도입니다. 만일 제가 여자라면 상황이 어떻게 달랐을까요?

＊ ＊ ＊

'herstory'라는 말을 들어본 적이 있나요? 역사를 의미하는 영단어 'history'에서 'his'를 'her'로 바꾸어 만든 단어입니다. herstory는 단어 그대로, 여성의 관점에서 서술된 역사를 의미합니다. 사실 여성 vs. 남성은 세대를 걸쳐 내려오는 아주 오래된, 아직 해결되지 않은, 아니, 영원히 해결되기 어려운 주제예요.

제가 중, 고등학교를 다녔을 때, 그러니까 '라떼' 이야기를 잠시 해볼게요. '라떼'는 남성과 여성의 역할이나 직업, 이미지 등이 어느 정도 나뉘어 있었습니다. 저보다 윗세대처럼 완전히 구분되어 있지는 않았지만, 여전히 대학에서 남성이 전공하는 분야, 여성이 전공하는 분야가 나뉘어 있었지요. 하지만 몇 년이 지나지 않아 그런 구분이 점차 사라졌고, 지금은 직업에서 어떤 성별만의 고유한 영역이라고 말하는 것은 '구시대적인 발상'이라고 치부될 정도이지요.

직업이나 역할에서 자유로워졌다고 해서 두 성별 사이의 갈등이나 문제가 없어진 것은 아닙니다. 여전히 성과 관련한 범죄, 문제 등이 일어나고 있고 우리는 어떨 때는 그 성별이기 때문에 차별당하고, 또 어떨 때는 생각지도 않은 이익을 보며 살아가고 있어요.

성별로 인해 피해를 보거나 자신의 고유한 권리를 침해당하지 않으려면 성별의 차이로 인하여 발생하는 여러 사건과 문제들, 그리고 이를 해결하기 위한 구체적인 방법들을 알아야 할 필요가 있습니다. 여기서는 직장 내 성희롱 문제를 꺼내어 재판장으로 데려간 사건을 통해 성별로 인한 차별과 피해 사례를 알아보려 해요. 그 주인공은 바로 킴벌리 엘러스(Kimberly Ellerth)입니다. 이 재판을 통해 성희롱과 성차별의 법률적인 책임을 누가 져야 하는지 함께 고민해 보겠습니다.

사건 파일 일명,
'성희롱을 해도 되는 직장 환경을 만든 죄'
벌링턴 산업 재판

/

1993년, 킴벌리 엘러스는 의류 회사인 벌링턴 산업 주식회사(Burlington Industries, Inc.)의 시카고 지사의 영업 부서에 입사했습니다. 그녀의 직속 상사는 부사장 시어도어 슬로윅이었어요. 사건을 담당한 검사의 공소장에 따르면 그는 채용 면접 때부터 엘러스의 특정 신체 부위를 뚫어지게 바라보면서 성적인 발언을 했다고 합니다. 엘러스가 입사한 이후 슬로윅이 하는 성희롱의 강도는 점차 심해졌습니다. 슬로윅은 일하는 척하면서 엘러스가 원하지 않는 신체 접촉을 시도하는가 하면, 원만한 직장 생활을 위해서는 자신에게 성적 봉사를 해야 한다는 노골적인 발언조차 서슴지 않았어요.

당시 슬로윅은 주로 뉴욕 사무실에서 일했기 때문에 엘러스와 매일 함께 근무하는 것은 아니었으나, 성희롱은 일주일에 한 번씩 있는 전화 회의 때, 한 달에 두 번씩 있는 슬로윅의 시카고 지사 출장 때마다 꾸준히 일어났습니다.

엘러스는 결국 1994년, 회사에 사표를 제출했어요. 퇴사를 하고 나서 벌링턴 산업 주식회사의 경영진을 상대로 슬로윅의 성희롱 행위에 대한 책임을 묻는 소송을 걸었습니다. 엘러스는 벌링턴 산업이 1964년 제정된 연방 민권법 제7장을 위반했다고 주장했습니다(연방 민권법은 '로자 파크스의 재판'에서 인종 차별 문제와 함께 다룬 바 있습니다).

엘러스의 주장은 다음과 같았습니다. 성희롱을 당한 피해자가 원치 않는 성적 접근을 거부한 행위로 상사에게서 인사상 불이익을 당하지 않았다고 해도, 해당 기업은 성희롱이 가능한 환경을 만든 것 자체가 책임이 있다는 것이에요. 이것은 부사장 슬로윅의 성희롱이라는 불법 행위에 대해 벌링턴 산업 주식회사가 슬로윅을 고용한 고용주로서 슬로윅과 함께 연대 책임을 저야 한다는 주장이었지요. 기업이 고용한 고용인이나 대리인이 직무상 동료, 부하 직원 등에게 손해를 입혔다면, 고용주 역시 책임을 회피하기 어렵다는 것입니다.

그러자 벌링턴 산업 주식회사는 엘러스에게 슬로윅의 행동에 관해 공식적으로 통보받은 적이 없고, 고용자의 의지와 상관없이 슬로윅이 임의대로 한 행위까지 책임을 지라고 하는 것은 부당하다고 항변했어요. 또한, 슬로윅이 엘러스에 대해 겉으로 드러나는 인사상 불

이익을 준 적이 없다고 주장했습니다.

이 사건은 결국 연방 대법원에서 최종 판결을 받았고, 대법관들은 5대 4로 엘러스의 손을 들어주었습니다. 즉, 직장 내 성희롱에 대한 책임이 고용자인 기업에도 있다고 결론을 내린 것입니다. 당시 앤서니 케네디 대법관은 '연방 민권법 제7장에 의하면, 기업은 대리인으로서 권위를 행사하는 관리자가 하급자에게 성희롱을 가능하게 한 적대적 환경을 만든 것에 대해 피해 당사자에게 책임을 져야 한다'고 판결했습니다.

슬로윅이 엘러스에게 인사 측면에서 불이익을 주지 않았다고 해도 기업은 그 책임에서 벗어날 수 없고, 슬로웍의 행위에 대한 책임을 함께 져야 한다는 것이지요. 이러한 연방 대법원의 태도는 그 이후 성희롱 사건을 바라보는 시각의 큰 변화를 일으켰습니다. 그중 하나가 기업에게 성희롱 예방에 대한 의무를 갖게 한 것입니다. 이후 기업들은 직장 내 성희롱이 생기지 않는 환경을 만들도록 직원들에게 예방 교육을 하는 등 미리 적절한 조치를 취하게 되었지요.

우리나라에서는
성희롱 사건을 어떻게 처리할까?

/

엘러스의 사건처럼 직장에서 일어난, 눈에 확연히 드러나는 성희롱이 아닌 경우, 도대체 어떤 행위까지를 성희롱이라고 할 수 있을까요? 성희롱(Sexual Harassment)은 '원하지 않는 성적 행위를 당하는 것'을 의미합니다.

우리나라의 경우, 직장 내에서 일어나는 성희롱의 의미에 관해 '남녀고용평등과 일, 가정 양립 지원에 관한 법률 제2조 제2호'에 자세히 규정되어 있습니다. 직장 내 성희롱이란 '사업주, 상급자 또는 근로자가 직장 내 지위를 이용하거나 업무와 관련해 다른 근로자에게 성적인 말과 행동 등으로 성적 굴욕감 또는 혐오감을 느끼게 하거나 성적 언동 또는 그 밖의 요구 등에 따르지 않았다는 이유로 근로 조건 및 고용에서 불이익을 주는 것'을 의미합니다.

흔히 성폭력과 헷갈리는 경우가 많은데, 성폭력은 상대가 동의하지 않은 성적인 언어와 행동을 말하며, 성적인 감정과 성적으로 맺는 모든 관계에 대한 폭력을 의미합니다. 성희롱은 성폭력에 속하는 '하위' 개념으로 이해할 수 있어요.

직장 내 성희롱은 성희롱의 행위자가 피해자와 조직 내 상급자, 하급자, 거래 관계자 등의 관계가 있어야 합니다. 이것은 반드시 '업무와 관련해서' 이루어져야 하는데, 조직 내 지위를 이용하거나 업무 중에 이루어져야만 성희롱으로 인정됩니다. 또한 성적인 언어와 행동을 함으로써 성적 굴욕감, 혐오감을 주거나 피해자의 고용 환경을 나쁘게 만드는 경우도 성희롱 범죄로 볼 수 있어요.

성희롱 사건이 생기면 가해자를 상대로 형사상 처벌(형법 제298조 강제추행죄, 제303조 업무상 위력에 의한 간음죄)을 구할 수 있고, 민사상 손해 배상(그 요건과 금액을 산정하는 방법은 '에린 브로코비치의 사건'에서 살펴보았습니다)을 청구할 수 있습니다.

성희롱을 방지하기 위해서는 애초에 그러한 환경이 되지 않도록 만드는 것이 중요해요. 하지만 회사는 직급이 정해져 있어서 부하 직원이 상사에게 어떠한 불만을 표현하거나 요구를 하기가 어려워요. 또한, 부하 직원의 인사권이 상사에게 있어서 부하가 진급을 위한 점수를 따려면 상사에게 잘 보여야 하는 경우도 있고요. 이렇게 직장 내의 경직된 분위기를 변화시키기는 현실적으로 어렵습니다. 그 이유 때문인지 퇴사하는 젊은 직원들이 늘어난다는 기사도 자주 보게 되지요.

성희롱 사건이 일어나지 않으려면, 우선 직장 내 분위기 쇄신이 필요합니다. 직급과 상관없이 대화를 나눌 수 있는 열린 문화, 문제가 생겼을 경우에 즉각 전달할 수 있는 소통 기구를 마련해 회사의 경직된 분위기를 바꾸는 것이지요. 거기에 더해 성희롱 예방 교육을 실시해야 합니다. 우리나라의 경우, 법정 의무 교육으로 회사 내에서 성희롱 예방 교육을 실시하도록 규정하였습니다. 만약 이를 위반하면 해당 회사에 과태료 500만 원을 부과합니다.

예방 교육을 몇 시간 받는다고 무슨 큰 변화가 있을까 하는 생각이 들 수도 있습니다. 하지만 성희롱 예방 교육을 통해 그동안 모호하게 느껴졌던 성희롱에 관해 정확히 알 수 있게 되고, 또 예방에 대한 방법을 배울 수 있어요. 우리가 흔히 말하는 '교육의 힘'이지요. 성희롱을 '법률' 자체만으로 해결하기에는 한계가 있습니다. 형사 처벌을 받게 한다고 해도 재판을 받는 과정까지 쉽지 않고, 손해 배상금을 받는다고 해도 피해자가 받은 손해를 다 배상할 수는 없기 때문이에요. 그래서 교육을 통한 인식의 변화는 반드시 필요합니다.

많은 성인들이 직장에서 하루의 대부분을 생활해요. 직장은 인생의 대부분을 보내는 장소입니다. 그렇기 때문에 직장 내 성희롱을 반드시 예방해야 하고, 이런 일이 일어났을 경우 적극적으로 해결할 수 있는 방안이 마련되어야 합니다.

성별로 싸우지 않고 함께 살아가기 위해

/

업무상의 간음죄를 다룬 형법 제303조에서 '부녀'가 '사람'으로 개정된 것처럼 성희롱의 문제는 이제 여성에게만 국한되는 것은 아닙니다. 남성이나 여성 모두 직장 내 권력에 의한 성범죄의 피해나 차별을 당할 수 있지요. 또 이것을 성별의 관점에서 바라보아 여성을 피해자, 남성을 가해자로 바라보는 시선 또한 권리 침해라는 주장도 있어요.

사실 성차별의 역사는 '차별'의 역사와 그 궤를 같이 합니다. '차별(差別)'이란 평등한 지위의 집단 내에서 어떠한 기준을 만들어 집단 중 한 무리를 불평등하게 대하는 행위를 말합니다. 역사적으로 수많은 차별이 있었는데, 인종 차별(이에 관해서는 '로자 파크스의 재판'에서 살펴본 바 있어요), 지역 차별, 성차별, 그 외에도 종교 차별, 직업 차별 등등 셀 수 없을 정도입니다.

여기에 최근 한 개념이 추가되었어요. 바로 '역차별(逆差別)'입니다. 역차별이란 사회적 차별을 없애기 위해 만든 우대 조치가 결국 평등권에 어긋난 상황을 의미합니다. 사회적 차별을 없애기 위한 우대조치로는 예컨대, 취업 시장에서 출산 여성의 참여가 남성보다 더 낮게 나타나서 출산 여성이 취업할 때 혜택을 주거나, 어떤 지역에서 인재를 뽑을 때 그 지역 출신을 더 우대하는 등의 조치가 있습니다. 취업 시장에 불리한 출산 여성, 그 지역의 사람들이 혜택을 볼 수 있으므로 잘 만든 정책이 아닌가 하는 생각이 들 수도 있어요. 하지만,

반대로 이러한 우대 혜택을 받지 못하는 사람들은 차별을 당하는 것으로 판단될 여지도 있습니다.

그럼 단순하게 이런 생각이 듭니다. '아무 조치를 안 해도 차별이 생기고, 어떤 조치를 해도 차별이 생기면 어떻게 하라는 말인가?' 차별을 막기 위한 우대 조치가 또 다른 이들에게 차별로 다가오는 상황에서 과연 무엇이 정답이 될 수 있을까요?

성차별에 역차별까지 더해져서인지 최근 젠더(gender) 갈등은 더욱 첨예해지고 있어요. 남성과 여성이 첨예하게 다투는 상황 속으로 들어가 남성의 이야기, 여성의 이야기를 천천히 들어 보면 남성과 여성 모두 피해를 본 점이 있다는 생각이 들 정도로, 누구의 편을 들기 어려운 상황입니다. 양측의 주장이 다 일리가 있어서 남성 측 주장을 들을 때는 남성의 말이 맞는 것 같고, 여성 측 주장을 들을 때는 여성의 말이 맞는 것 같아요.

그럼 지금부터 제가 여성과 남성의 입장이 되어 각 성차별에 관한 주장을 한 번 펼쳐 보겠습니다. 여러분이 중간에서 판단을 내려야 하는 사람이라면 누구의 편에 설 것인지를 정해 보세요. 단, 자신이 남성이라서 남성의 편을 들거나, 여성이라서 여성의 편을 드는 '생물학적인' 판단을 해서는 안 됩니다.

여성의 입장에서 논리를 펴보겠습니다. 여성들은 과거부터 기득권 계층인 남성에게서 오랜 기간 차별과 핍박을 받았고 현재도 임신과 출산, 경력 단절 등을 포함하여 여전히 고정 관념 속에 암묵적 차별을 받고 있다고 주장해요. 여성 전용 주차장, 대중교통에서 여성

우대(여성 특별칸, 임산부 지정 좌석 등)와 같은 조치는 남성에 대한 역차별이 아니며, 이러한 조치들만으로는 여성의 차별 문제를 해결할 수 없다고 이야기합니다. 더 근본적인 사회의 변화가 있어야 한다는 것이지요.

이번에는 남성의 입장에서 논리를 펴보겠습니다. 남성들은 지나친 여성 우대 정책으로 인해 오히려 남성이 과거의 여성처럼 차별을 당하고 있다고 주장합니다. 여성은 남성보다 약자가 아니라 단순히 생물학적 차이가 있을 뿐인데, 여성의 권리만을 지나치게 강조하는 것은 오히려 역차별을 야기하는 잘못된 정책이라고 이야기해요. 또한 인생에서 중요한 시기에 남성만 군대에 가고 있음에도 이를 전혀 고려하고 있지 않다는 것이지요.

성차별 문제를 해결하는 것도 어렵지만, 성차별을 해결하기 위한 특혜 조치로 다시 발생하는 역차별 문제는 더욱더 해결하기 어려워 보입니다. 뭔가 남녀 문제의 실타래가 꼬여서 서로에게 적대적으로 대하기만 하는 느낌입니다. 최근 우리 사회의 가장 큰 문제인 저출산 문제에도 남녀의 적대적인 입장 차이가 한몫을 하고 있는 것 아니냐는 말이 있을 정도입니다.

하지만 분명한 것은 젠더가 서로 대립만 해서는 결코 좋은 결론을 얻기 어렵다는 것입니다. 차별이 없는 건강한 사회를 만들기 위해서라도 우리는 성별로 공격하기보다 성별을 존중하고, 이해하고, 함께하려는 자세가 필요합니다. 그런 노력이 하나둘 모여 실천된다면 여러분이 어른이 되어 세상으로 나갈 때쯤에는 성별에 대해 지금보다 훨씬 선진화된 법률과 시민의식이 자리하고 있지 않을까요? 그런 세상을 만들기 위해 우리 모두 상대를 존중하는 태도로 상대의 목소리에 귀를 기울여 듣기를 바라봅니다.